<그리스도인이면 꼭 알아야 할 성경 지식>

호세아

제2권 이스라엘의 배교와 회복(8-14장)

서울솔로몬학교 성경연수원

차 례

이 책에 인용된 성경 구절은 〈한글킹제임스성경〉입니다.

제1과

북쪽 지파들의 우상 숭배(8장)

『그것은 또한 이스라엘로부터 나온 것이요 장인이 만든 것이라. 그러므로 그것은 하나님이 아니니라. 그러나 사마리아의 송아지는 산산이 부서지리라』(호 8:6).

배교로 시작해서 배교로 끝난 "북왕국 이스라엘"

북왕국 이스라엘의 역사는 한마디로 말하면 "**여로보암의 길을 따라 지속적인 배교로 나아간 역사**"였다. 북왕국에서는 총 19명의 왕이 보좌에 앉았지만, 이 중 단 한 명도 선한 왕이 없었다. **말하자면 북왕국은 "반역"으로 시작해서 "반역"으로 끝난 왕국이요, "배교"로 시작해서 "배교"로 막을 내린 왕국이었다.** 단 한 번의 부흥도, 단 한 번의 개혁도 없이 오직 배교와 타락으로만 일관한 역사였던 것이다. 반역으로 점철된 역사를 지닌 북왕국 이스라엘은 여러 번의 모반을 통해 왕조가 "여덟 번"이나 교체되었는데(총 아홉 개의 왕조), 이 중 어떤 왕조는 왕조라 불리기에도 부끄러울 만큼 당대에 일어났던 모반으로 금방 끝나 버리기도 했다.

"여로보암의 죄" - 금송아지 숭배

"북쪽 지파들의 우상 숭배"는 북왕국 이스라엘의 첫 번째 왕 "여로보암"의 시대부터 시작되었다. 여로보암은 스레다의 에프랏인 "느밧"(父)과 "스루아"(母) 사이에서 태어났다(왕상 11:26). "힘센 용사"였던 그는 "밀로"를 짓고 "다윗 성읍"을 수리하는 공사에서 근면하게 일한 것이 솔로몬 왕의 눈에 띄어, "요셉의 집"의 모든 과업을 다스리는(왕상 11:28) "솔로몬의 신하"가 되었다(왕상 11:26). 이후 하나님께서는 "선지자 아히야"(왕상 11:29)를 여로보암에게 보내셔서, "솔로몬의 범죄로 인해 다윗의 왕국을 '둘'로 찢으시고 '두 지파'(유다 지파, 베냐민 지파)를 제외한 나머지 '열 지파'를 그에게 주시어 그를 왕으로 삼겠다."라고 예고하셨다(왕상 11:31,37). 그러면서 다윗이 행한 것처럼 하나님의 명령에 따라 옳게 행하면 그의 집 역시 다윗의 집처럼 견고하게 세워질 것이라는 약속도 주셨다.

『만일 내가 네게 명령한 모든 것에 네가 경청하고 내 길에서 행하며 내가 보기에 옳은 것을 행하고 내 종 다윗이 행한 것과 같이 내 규례들과 내 계명들을 지키면 내가 너와 함께 있어 내가 다윗을 위하여 세운 것과 같이 너를 위하여 견고한 집을 세우고 이스라엘을 네게 주리라』(왕상 11:38).

비록 이것이 다윗에게 "영원한 왕국"에 관한 약속과 더불어 주어진 "다윗의 언약"(삼하 7:12-16)에 버금가는 그런 약속은 아니었다 해도, 그의 집을 견고하게 해 주시겠다는 하나님의 위대한 약속이 여로보암에게 주어진 것은 분명했다. 이것은 하나님께서 "여로보암에게 주신 기회"였다. **만일 여로보암이 이 약속의 말씀에 유념해서 하나님의 마음에 합당한 왕으로서 통치했다면 "북왕국 이스라엘 역사의 판도"는 달라졌을 것이다.**

하지만 여로보암은 자신의 보좌를 지키기 위해 아히야 선지자를 통해 약속하신 하나님의 말씀에 의지하지 않고 "육신적인 방법"을 동원했으니, 곧 "벧엘"과 "단"에 "금송아지 둘"을 만들어 두었던 것이다(왕상 12:28,29). 왜냐하면 이스라엘의 열 지파에 속한 백성들이 하나님께 희생제를 드리기 위해 예루살렘 성전으로 올라가다 보면, 그 마음이 남왕국 유다의 르호보암 왕에게로 다시 돌아갈 것이 염려되었기 때문이다(왕상 12:26,27). 결국 그는 백성들이 마땅히 해야 할 "예루살렘에서의 성전 경배"를 못하도록 막아 버렸다.

이렇듯 여로보암은 "금송아지" 둘을 만들어 그것들을 하나님으로 여기게 했으니, 그것들에 제물을 드리고 명절을 지키게 함으로 "금송아지 숭배"라는 극악한 죄를 조장했다(왕상 12:28-33). 이것은 출애굽 당시 "모세"가 시내 산으로 올라가 자리를 비운 사이에 아론과 백성들이 행했던 우상 숭배와 유사한데(출 32:1-6), 당시 "아론"이 금송아지를 가리키며 했던 말과 여로보암이 했던 말을 비교해 보라. **『오 이스라엘아, 이것들이 너를 이집트 땅에서 데리고 나온 너의 신들이라』**(출 32:4, "아론"). **『오 이스라엘아, 너를 이집트 땅에서 인도해 내신 네 신들을 보라』**(왕상 12:28, "여로보암"). 이처럼 그들은 "똑같은 말"로 백성들에게 공표하면서 "똑같이" 그 금송아지 앞에서 명절을 지키게 했다(출 32:5,6, 왕상 12:32,33).

또한 여로보암은 하나님께서 주신 율법을 흉내 내면서 율법을 거역하여 제멋대로 행했다(왕상 12:31-33). 우선 "성전 경배"를 무시하고 "산당"을 지었으며(왕상 12:31), "레위의 아들들"이 아닌 "백성의 가장 낮은 자들," 곧 자격이 없는 자들을 제사장들로 삼았다(왕상 12:31). 그리고 제멋대로 명절 날짜를 변경해서 제물을 드리고 분향하게 했는데(왕상 12:32,33), **『여덟째 달, 즉 그 달의 십오일을 명절로 정하여 유다에 있는 명절과 같게』**(왕상 12:32) 했다는 말씀이 본래 "일곱째 달 십오 일"인 "장막절"을 여로보암이 제멋대로 모방했다는 사실을 잘 보여 준다.

"하나님을 섬기려면 하나님의 방법대로 섬겨야 한다. 경기하려면 규칙대로 경기해야 한다. "자기 마음대로" 기도하고, "자기 마음대로" 설교하고, "자기 마음대로" 가르치고, "자기 마음대로" 교회를 운영하고, "자기 마음대로" 경배하고, 읽어야 할 성경을 "자기 마음대로" 결정하고, 출석해야 할 교회를 "자기 마음대로" 결정하면서 그런 것들을 하나님께 받아달라고 요청하는 것은 "교만"이고 "어리석은 생각"이다.

북왕국 열 지파의 우상 숭배

『나팔을 네 입에 두라. 그가 **주**의 집을 대적하여 독수리처럼 오리니, 이는 그들이 나의 언약을 어겼고, 나의 율법을 범하였음이니라. 이스라엘이 내게 부르짖기를 "나의 하나님, 우리가 주를 아나이다." 하리라. 이스라엘은 선한 것을 내버렸으니 그 원수가 그를 쫓으리라. 그들이 왕들을 세웠으나 나로 말미암지 아니하였고, 그들이 고관들을 세웠으나 나는 모르는 바며, 그들이 그들의 은과 금으로 그들에게 우상들을 만들었으니, 그들이 멸망하게 되리라』(1-4절).

위 구절에서 "나팔"은 "숫양의 뿔"로 만든 "전쟁 경고용 나팔"로, 백성들에게 "적들이 오고 있다"는 경고를 주기 위해 『**나팔을 네 입에 두라.**』(1절)라는 명령을 내리고 있다. "적들"은 "주의 집"(이스라엘 집과 유다 집)을 대적하여 "독수리"처럼 쳐들어와서(cf. 렘 4:13, 애 4:19, 합 1:8) 백성들을 붙잡기 위해 쫓을 것인데(3절), "독수리"에 비유되고 있는 "그"는 "역사적으로" 보면 "앗시리아 왕"이나 "바빌론 왕"을 의미하고, "교리적(예언적)으로" 보면 대환란 기간에 등장할 "적그리스도"를 가리킨다.

특히 환란 시대에 "적그리스도의 극심한 박해" 속에서 이스라엘 백성들은 하나님을 간절히 찾고, 또 하나님께 도움을 구하며 『**나의 하나님, 우리가 주를 아나이다.**』(2절)라고 간절히 부르짖을 것이다(시 44:23; 80:19 등). 다시 말해 이스라엘 안에 대대적인 회개와 민족적인 회심이 있는 것이다. 하지만 선지자 "호세아"가 활동했던 시대나 현 교회 시대는 『**우리가 주를 아나이다.**』(2절)라고 말할 수 있는 영적 상태가 아닌데, 이는 그들이 언약을 어겼고, 율법을 범했으며, 또 선한 것을 버렸기 때문이다(1,3절).

한편 북왕국 이스라엘이 보좌 위에 세운 왕들은 "하나님으로 말미암은 왕들"이 아니었다(4절). 첫 번째 왕 "여로보암"과 하나님께서 "아합의 집안"을 쓸어버리기 위해 세우신 "예후," 두 사람을 제외하고는 거의 대부분 "하나님으로 말미암은 왕들"이 아니었는데, 그들 모두 암살이나 정치적인 모반 속에서 왕의 보좌를 강탈한 자들이었기 때문이다. 그런 왕들 밑의 고관들도 마찬가지였다. **더군다나 가짜 왕들과 고관들을 세운 이스라엘 백성들은 그들의 은과 금으로 우상들을 만들어 섬긴 "우상 숭배자들"이기까지 했다(4절)**. 이러한 "우상 숭배"는 "여로보암의 죄," 곧 "금송아지 숭배"와 밀접한 연관이 있는데, "여로보암"뿐 아니라 그 이후에 보좌에 오른 "북왕국 이스라엘의 역대 왕들"이 모두 이 가증스러운 우상 숭배에서 벗어나지 못했다. 『**이스라엘로 죄를 짓게 한 느밧의 아들 여로보암의 죄들에서 떠나지 아니하였더라**』(왕하 15:18,24,28). 결국 하나님께서는 그런 "북왕국 이스라엘"을 단념하셨고(왕상 14:16), 또 멸망시키셨다(4절).

『오 사마리아야, 네 송아지가 너를 버렸느니라. 내 분노가 그들을 향하여 타오르나니 그들이 무죄하게 되기까지는 얼마나 걸리겠느냐? 그것은 또한 이스라엘로부터 나온 것이요 장인이 만든 것이라. 그러므로 그것은 하나님이 아니니라. 그러나 사마리아의 송아지는 산산이 부서지리라. 이는 그들이 바람으로 심었으니 회오리바람으로 거둘 것이기 때문이라. 줄기가 없으니 이삭은 열매를 맺지 못할 것이요, 설령 열매를 맺는다 해도 타국인들이 그것을 삼켜 버리리라. 이스라엘은 삼킨 바 되었으니 이제 그들은 이방인들 가운데서 기쁨이 없는 그릇같이 되리라』(5-8절).

북왕국 이스라엘이 "신"으로 섬겼던 "금송아지"는 그들을 버렸는데(5절), 그들을 침공해 온 "앗시리아의 손"에서 그들을 구해 주지 못한 것이다. 이는 "금송아지"가 "참된 신," 곧 "하나님"이 아니라 "사람의 손으로 만든 물건"에 불과

하기 때문이다(6절). 사람의 손으로 만든 것이 어떻게 신이 될 수 있겠는가! 산산이 부서지는 존재가 어떻게 하나님이 될 수 있겠는가! 이렇듯 "우상"은 성경이 인정하는 "신들의 범주"에도 끼지 못하는 아무것도 아닌 "헛것과 같은 존재"이다(왕상 18:27, 사 41:28,29; 44:8-10,15-17). 하나님께서는 이런 우상들을 섬기는 "우상 숭배자들"을 향해 분노하시는데(5절), 결국 그들은 엄중한 심판을 피할 수 없게 된다(6-8절).

그래서 그들은 그들이 심은 죄에 상응하는 심판보다 훨씬 더 큰 심판을 거두게 되는데, 이에 관해 하나님께서는 『**이는 그들이 바람으로 심었으니 회오리바람**(재림과 연관된 재앙**으로 거둘 것이기 때문이라.**』(7절)라고 경고하신다. 또한 그들은 삼켜져서 "기쁨이 없는 빈 그릇"같이 될 것이다(7,8절). 이러한 심판은 동일한 "배교자들"이자 "우상 숭배자들"인 "남왕국 유다"에게도 동일하게 적용된다. 『**바빌론 왕 느부캇넷살이 나를 삼켰으며 나를 짓밟았으며 나를 빈 그릇이 되게 하였으며 그가 용처럼 나를 삼켰으며 그가 나의 맛있는 것들로 그의 배를 채우고 나를 쫓아내었느니라**』(렘 51:34). "역사적으로는" 앗시리아와 바빌론의 침공으로 북왕국 이스라엘과 남왕국 유다가 짓밟히고 멸망하고 약탈당한 것에 적용할 수 있고, "교리적으로는" 대환란 기간에 적그리스도에 의해 이스라엘이 짓밟히고 멸망하고 약탈당하는 것에 적용할 수 있다.

"삼켜지는 일"(7,8절)은 대환란 기간에 "문자 그대로" 이루어진다. "적그리스도"는 짐승의 형상에 경배하지 않고 짐승의 표를 받지 않은 환란 성도들을 "목 베임," 곧 "참수형"에 처할 것인데(계 20:4), 곧 그들의 목을 끊어 버릴 것이다. 특히 그처럼 목이 잘린 인간들을 제물로 바치라면서 "피의 제사"를 요구할 것이다(시 16:4, 계 6:9-11). 이처럼 예루살렘에 남아 있는 많은 유대인들은 목이 잘려져 제단에서 마귀들에게

희생제물로 바쳐질 것이고, 또 적그리스도의 제사장들은 그 죽은 사람들의 몸을 먹고 삼킬 것이다("식인 행위," 시 14:4, 미 3:3). 성경은 그렇게 먹히고 삼켜질 "사람들의 수"에 대해서도 정확하게 예언하고 있는데, 그 수는 "십분의 일"이다(사 6:13). 이렇듯 유대인들이 그런 극심한 심판을 받는 이유는 자기들을 구속하신 하나님을 거역하고 범죄했기 때문이다. 특히 우상 숭배를 통해 하나님의 분노를 일으켰으니, 곧 "금송아지"를 숭배한 것이다(5,6절). 따라서 이런 "패역한 이스라엘"에게는 "심판과 멸망"만이 남아 있을 뿐이다.

『그들은 혼자 있는 들나귀인 앗시리아로 갔고, 에프라임은 연애하는 자들을 고용하였도다. 정녕, 그들이 민족들 가운데서 고용하였을지라도 이제 내가 그들을 모으리니, 그들은 고관들의 왕이 지워 준 짐으로 인하여 다소 슬퍼하리라. 에프라임이 많은 제단을 만들어 죄를 지었으니 제단들이 그를 범죄하게 하리라』(9-11절).

선지자 "호세아"는 "앗시리아"를 "들나귀"로 묘사하는 반면, "예레미야"는 그들과 연애하며 음란하게 행한 "이스라엘"을 "들 암나귀"로 묘사한다(렘 2:24). 특히 그들은 돈을 줘 가면서 음란한 행위들을 일삼았다(9절, 겔 16:33,34). 하지만 그들이 음란한 행위들을 일삼기 위해 돈을 줘 가며 고용한 "앗시리아"가 도리어 이스라엘을 멸망시키기 위해 공격해 올 것인데, 예언적으로 보면 "적그리스도"가 이방 민족들을 이끌고 공격해 올 것이다. 그때 하나님께서는 "이스라엘의 남은 자들"을 보호하실 것이고, 또 보호하기 위해 그들을 모으실 것이다(10절). 말하자면 하나님의 심판을 말씀하는 문맥에서 "회복에 대한 약속"도 주어지는 것이다.

한편 『**고관들의 왕이 지워 준 짐**』(10절)은 "역사적으로" 보면 앗시리아 왕이 부과한 "세금"으로 볼 수 있으며, 또 "예언적으로" 볼 때는 대환란 기간에 있을 "적그리스도의 압제와 박해"를 의미한다. 대환란 기간에 적그리스도가 지워 준 짐으로 인해 유대인들은 "다소," 곧 "짧은 기간" 슬퍼할 것인데, "최대 7년에서 최소 3년 반" 동안 슬퍼하는 것이다. 어쨌든 하나님께서는 그런 슬픔과 고통 속에서도 이스라엘 백성들을 모아 회복시키실 것이다. 하지만 그날이 올 때까지는 패역한 이스라엘이 심판을 받을 수밖에 없다. 왜냐하면 그들이 많은 제단을 만들어 죄를 짓고, 또 그 제단들은 그들로 하여금 죄를 짓도록 만들었기 때문이다(11절).

『내가 그를 위하여 내 율법의 많은 것들을 기록하였으나 그것들이 이상한 것으로 여겨졌도다. 그들이 내 제물의 희생제들을 위하여 고기로 희생제를 드리고 그것을 먹으나 주는 그것들을 받지 아니하는도다. 이제 그가 그들의 죄악을 기억하고 그들의 죄들을 감찰하리니 그들이 이집트로 돌아가리라. 이스라엘은 자기를 지으신 분을 잊어버리고 신전들을 짓고, 유다는 방벽 친 성읍들을 많이 세웠으나 내가 그의 성읍들 위에 불을 보내리니, 불이 그 궁전들을 삼키리라』(12-14절).

북왕국 이스라엘의 우상 숭배가 얼마나 극에 달했던지, 그들을 위해 기록된 "율법의 말씀들"이 우습게 여겨질 지경이었다. "하나님의 백성"으로부터 "하나님의 말씀"이 이상하게 여겨지고 우습게 여겨지는 시대, 이보다 더 한 최악의 상황은 없다. 하나님의 말씀을 뒤로 제쳐 두고 타락으로 질주해 내려가는 민족은 이 땅에서 더 이상 존속될 가치가 없다. 거기에는 오직 심판과 멸망만 남아 있을 뿐이다. 하나님의 말씀을 잊어버린 개인이나 민족은 반드시 멸망하게 되어 있다. **하나님의 말씀이 이상하게 여겨지는 상황에 이르게 되면, 결국 백성**

들은 그 말씀을 주신 하나님을 잊어버리게 된다(13,14절). 그래서 주님은 그런 자들의 희생제사를 받지 않으신다(렘 14:10-12, 잠 1:26). 그런 자들의 찬양과 경배는 아무 의미도 없는 것이다.

그런 백성들에게는 오직 심판과 멸망만 남아 있을 뿐인데, 곧 하나님께서는 그런 우상 숭배자들을 "감찰하시어"(13절) 진노의 심판을 쏟아부으실 것이다. 비록 그러한 심판을 피하기 위해 "이집트"로 도망간다 해도(13절), 그곳 이집트에서도 고난받을 것이고, 조롱거리가 될 것이며, 결국 그곳에서 쓰러져 묻힐 것이다. 『**보라, 그들이 멸망으로 인하여 갔느니라. 이집트는 그들을 모으고 멤피스는 그들을 묻으리라**』(호 9:6). 그뿐 아니라 하나님께서는 불을 보내시어 심판하실 것인데, 이는 그들이 하나님을 잊어버리고 "신전들"을 짓기에 급급했기 때문이다(14절). 하나님께서는 그들의 궁전들과 신전들을 완전히 불태우실 것이다. 이것은 앗시리아의 침공과 바빌론 침공 때 역사적으로 그대로 성취되었다. 또한 재림 때도 다시 한 번 재현될 것이다. 성경 안에 기록된 모든 역사적인 사건들, 그것이 과거의 역사든, 미래의 역사인 "예언"이든, 과거에 제시간에 실제로 일어났고, 또 앞으로도 실제로 제시간에 일어날 것이라는 사실을 항상 잊지 말아야 한다.

■ 새롭게 깨달았거나 적용할 내용이 있다면 적어 보세요. ■

NOTES

NOTES

제2과
흩어지는 북쪽 지파들(9장)

『내 하나님께서는 그들을 내버리시리니, 이는 그들이 그에게 경청하지 아니하였기 때문이라. 그들이 민족들 가운데서 유랑하는 자가 되리라』(9:17).

오, 이스라엘아, 즐거워하지 말라(1-3절)

『오 이스라엘아, 너는 다른 백성처럼 기쁨으로 즐거워하지 말라. 이는 네가 네 하나님으로부터 떠나 행음하였으며 네가 모든 타작마당에서 보상을 사랑하였음이라. 타작마당과 포도즙틀이 그들을 기르지 못할 것이며, 이스라엘 안에서 새 포도주도 동이 날 것이라. 그들은 **주**의 땅에 거하지 못하리니, 에프라임은 이집트로 돌이킬 것이며 그들이 앗시리아에서 불결한 것들을 먹으리라』(1-3절).

하나님께서는 그분을 떠나 죄를 지은 이스라엘에게 즐거워하지 말라고 하셨다. 비록 물질적으로 번성했다 해도 주님을 떠나 죄를 지었다면 결코 즐거워하지 말아야 한다. **『주께서 그 민족을 번성케 하셨으나 그 즐거움은 늘리지 아니하셨나이다』**(사 9:3). 죄 가운데서 번성하면서도 즐거워하는 이스라엘은 결국 타작마당에서도, 포도즙틀에서도 먹을 것을 얻지 못할 것이고 포도 열매에서 새 포도주를 못 짤 만큼 흉작을 경험하게 될 것이다(2절). 그런 그들은 주님께서 주신 약속의 땅에 거하지 못하고 이집트로, 앗시리아로 가서 이방인들의 불결한 것을 먹게 될 것이다(3절). **『그들은 주께 포도주 제물을 드리지도 못하며 그에게 기쁨이 되지도 못할 것이라. 그들의 희생제들은 그들에게 애곡하는 자들의 빵과 같아서 그것을 먹는 자는 모두 더럽혀질 것이니, 이는 그들의 혼을 위한 그들의 빵이 주의 집으로 들어오지 못할 것임이니라』**(4절). 즉 주님을 떠난 자들의 섬김은 주님께 받아들여지지도 않는다.

신약의 야고보서는 하나님을 떠나 세속적인 욕망을 실현하려는 자들의 기쁨이 모두 악하다고 경고한다. **『이제 오라, "오늘이나 내일 우리가 어느 성읍으로 가서 거기서 일 년쯤 지내며, 사고 팔아 수익을 올리리라." 하는 자들이여 너희**

가 내일 일어날 일을 알지 못하나니 너희 생명이 무엇이냐? 잠깐 보이다가 사라지는 안개니라. 오히려 너희가 "주께서 원하시면 우리가 살겠고, 또 이것이나 저것을 할 수 있으리라."고 말해야 할 터인데 이제 너희가 너희의 자만 가운데 기뻐하고 있으니 그러한 기쁨은 다 악하니라. 그러므로 선을 행할 줄 알면서도 행치 아니하는 자에게는 그것이 그 사람에게 죄가 되느니라』(약 4:13-17).

예수님께서는 우리가 하나님과 재물을 동시에 섬길 수 없다고 말씀하셨다(마 6:24). 또한 『주의하고, 탐심을 조심하라. 이는 사람의 생명이 자기가 소유한 것의 풍부함에 있지 않음이라... 그러나 하나님께서 그에게 말씀하시기를 '너 어리석은 자야, 오늘 밤 네 혼을 네게서 앗아가리니 그러면 네가 장만한 그것들이 누구의 것이 되겠느냐?' 하시니라. 그러므로 자신을 위하여는 보물을 쌓아 두고 하나님 앞에 부요하지 못한 자는 다 이러하니라.』(눅 12:15,20,21)라고 말씀하셨다. 솔로몬은 자신이 세상에서 수고한 일의 헛됨을 탄식했는데(전 2:18-23), 이는 밤낮 쉼 없이 수고하여 고통 속에 이룩해 놓은 것들을 수고하지도 않은 자가 가져갈 것이기 때문이다. 재물을 섬기는 것은 결국 남 좋은 일만 하고 가는 것이기에 헛되다. 성도가 재물을 섬기는 것은 영적 음행이다. 자신의 세속적 욕망을 실현하기 위해 세상으로 눈을 돌리는 것 또한 영적 음행이다. 그렇게 육신을 위해 계획한 것들이 실현되는 것을 즐거워하는 것은 악할 뿐이다. 배교는 이전에 충성했던 진리에서 떠나 꾸며 낸 이야기로 돌이키는 것을 말하는데(딤전 1:3,4; 4:7, 딤후 4:4, 딛 1:14), 하나님께 대한 이전의 충성에서 돌이켜 세상을 바라보는 것 역시나 배교자들의 특징이다. 또한 배교자들이 자기들끼리 모여 예배를 드리는 것은 하나님께 기쁨이 되지도, 받아들여지지도 않는다(4절).

■ 새롭게 깨달았거나 적용할 내용이 있다면 적어 보세요. ■

북쪽 지파들이 심판을 받는 이유(4-9절)

『감찰의 날들이 오고 보응의 날들이 오나니 이스라엘이 그것을 알리라. 선지자는 어리석고 영적인 사람은 미쳤나니, 이는 네 죄악이 많고 증오는 크기 때문이라. 에프라임의 파수꾼은 내 하나님과 함께하였으나, 선지자는 그의 모든 길에서 새 잡는 자의 덫 같으며 그의 하나님의 집에서 증오를 품었도다. 그들이 기브아의 날들처럼 스스로를 심히 부패케 하였으므로 그가 그들의 죄악을 기억하시고 그들의 죄들을 감찰하시리라』(7-9절).

주님께서는 그분을 떠나 죄지은 북쪽 지파들에게 『**너희는 엄숙한 날과 주의 명절의 날에 무엇을 하려느냐?**』(5절)라고 물으신다. 그들은 날들을 지킬 수 없다. 오히려 그들의 시체가 타국 땅에서 묻히고, 엉겅퀴와 가시나무들이 자라서 그들이 은을 묻었던 곳과 장막을 세웠던 곳, 집을 지었던 곳들을 덮는 일만 남았다. 『**보라, 그들이 멸망으로 인하여 갔느니라. 이집트는 그들을 모으고 멤피스는 그들을 묻으리라. 그들의 은을 위한 기쁜 곳, 그곳들은 엉겅퀴가 차지할 것이요, 그들의 장막 안에는 가시나무들이 있으리라**』(6절).

7절의 『**선지자는 어리석고 영적인 사람은 미쳤나니, 이는 네 죄악이 많고 증오는 크기 때문이라.**』라는 말씀에는 두 가지 의미가 있다. **첫째, 호세아 당시의 선지자들은 어리석었다(cf. 렘 5:13,31; 29:26, 겔 22:25)**. 이 어리석은 선지자들의 문제는 백성을 인도해야 할 그들이 그들의 모든 길에서 새 잡는 자의 덫 같다는 말씀에서(8절) 한 번 더 다뤄진다. **둘째, 죄악이 많고 하나님과 그분의 말씀에 대한 증오가 큰 백성은 진짜 선지자를 어리석은 사람으로 보고(마 27:39, 고후 10:10; 11:16), 영적인 사람을 미친 사람으로 본다(행 26:24, 고후**

5:13). 하나님 말씀을 이상하게 여기며(호 8:12) 그것을 증오하고 죄악이 많은 (7절) 자들은 하나님께서 보내신 선지자들을 미워하고 미친 사람들로 몰아세운다(마 23:34).

그런데 8,9절에 따르면 과거에 신실했던 사역자들이 호세아 당시에는 부패해 버렸다. 『**에프라임의 파수꾼은 내 하나님과 함께하였으나**[과거], **선지자는 그의 모든 길에서 새 잡는 자의 덫 같으며**[현재] **그의 하나님의 집에서 증오를 품었도다. 그들이 기브아의 날들처럼 스스로를 심히 부패케 하였으므로 그가 그들의 죄악을 기억하시고 그들의 죄들을 감찰하시리라**』(8,9절). 과거에 호세아의 하나님과 함께했던 에프라임(북왕국)의 파수꾼(선지자)이 백성들을 걸려 넘어지게 하는 "덫"같이 되었고, 심지어 하나님의 집에서 "증오"를 품기까지 한다. 파수꾼은 다가오는 심판을 경고하는(겔 33:2-4) 충성스런 개와 같은 존재였는데 타락하여 짖지 못하는 벙어리 개로 변해 버린 것이다(사 56:10). "과거"에 주님을 신실하게 섬겼다 해도 "지금" 그렇지 않으면 아무 소용이 없다. 바로 지금(!) "그때 그 시절처럼" 섬기라. 그렇지 않으면 타락한 것이다(골 4:17의 "아킵포," 딤후 4:10의 "데마"). 언제나 신실하다는 평판을 받는 종이 되라(고전 4:17의 "디모데," 엡 6:21과 골 4:7의 "투기고," 요삼 1:12의 "데메트리오").

호세아 당시의 타락한 선지자들은 하나님의 집에서 하나님과 그분의 말씀에 대한 "증오"를 품었을(8절) 뿐만 아니라, "기브아의 날들"(판 19장)처럼 스스로를 "심히" 부패케 했다(9절). "극악한" 동성연애를 비롯한 기타 성적 범죄를 범했음은(판 19:22,24,25) 물론, 기브아의 날들에 동성연애와 윤간으로 민족 전체가 내전에 휩싸였듯이(판 20장) 그들은 서로를 향한 증오로 가득했다. 하나님과 그분의 말씀을 증오하는 자들은 서로를 또한 증오하게 되어 있다. 선지자들의 타락은 민족 전체의 타락을 가져왔으며, 하나님께서는 그들의 죄악을 기억하시고 그들의 죄들을 감찰하실 것이다(9절).

열매 맺지 못한 에프라임이 받은 저주(10-14절)

『에프라임은 아름다운 곳에 심겨져 있어 마치 내가 투로를 본 것 같으나, 에프라임은 그의 자녀들을 살인자에게로 데리고 나오리라. 오 **주**여, 그들에게 주옵소서. 주께서는 무엇을 주시려나이까? 유산하는 태와 젖이 마른 가슴들을 그들에게 주옵소서』(13,14절).

하나님께서는 출애굽기부터 여호수아까지 구약 역사를 회상하신다. **『내가 광야에서의 포도처럼 이스라엘을 만났으며 내가 무화과나무에서 처음 익은 첫 열매같이 너희 조상들을 보았도다. 그러나 그들이 바알프올로 가서 그 수치에다 자기 몸을 구별하여 드렸으니, 그들의 가증함은 그들이 사랑했던 것과 같이 되었도다... 에프라임은 아름다운 곳에 심겨져 있어 마치 내가 투로를 본 것 같으나, 에프라임은 그의 자녀들을 살인자에게로 데리고 나오리라』**(10,13절). 출애굽 당시 이스라엘은 주님께 "광야의 포도"와 "무화과나무의 첫열매" 같았다. 즉 주님께서는 그들이 "열매 맺는" 민족이 되기를 바라셨던 것이다. 그러나 그들은 발라암의 계략에 빠져서 바알프올에게 연합하는 죄를 범하고 말았다(민 25:1-15, 시 106:28).

에프라임이 아름다운 곳에 심겨졌다는 것은 여호수아의 정복 전쟁을 통해 약속의 땅에 들어갔음을 의미한다. 그들은 결국 하나님께 헛된 포도나무(호 10:1)와 아주 나쁜 무화과가 되고 말았고(렘 24장), "열매"가 헛되고 썩은 그들은 자신들의 태의 열매인 "자녀들"을 살인자에게로 데리고 나오게 될 것이라는 말씀을 듣는다(13절).

<u>에프라임이 받은 저주는 "자녀들"에 대한 것이었다</u>. **『에프라임으로 말하면, 그들의 영광은 태어날 때부터, 태에 있을 때부터, 잉태되었을 때부터 새처럼**

날아가리라. 그들이 그들의 자손들을 기를지라도 내가 그들을 죽게 하리니, 한 사람도 남지 않을 것이라. 정녕, 내가 그들에게서 떠나는 때 그들에게는 또한 화가 있으리라!... 오 주여, 그들에게 주옵소서. 주께서는 무엇을 주시려나이까? 유산하는 태와 젖이 마른 가슴들을 그들에게 주옵소서』(11,12,14절). 에프라임의 영광은 그의 자녀들과 관련해서 떠날 것이다. 처음에는 해산을 못하게 되고(태어날 때), 다음에는 임신을 못하게 되고(태에 있을 때), 다음에는 잉태를 못하게 된다(잉태되었을 때). 이스라엘에게서 영광이 떠나는 순서는 첫째, 더 이상 출생이 없고, 둘째, 사산이나 유산을 하게 되고, 셋째, 아예 임신조차 못하게 된다. 설상가상으로, 낳아서 기르던 자식들마저 죽게 된다(12절).

동족의 죄를 참다못한 선지자 호세아는 그들에게 "유산하는 태와 젖이 마른 가슴들"을 주시라고 주님께 동조하는 기도를 드린다(14절). 주님께서는 『**에프라임은 얻어맞았고 그 뿌리는 말랐으며 그들은 열매를 맺지 못하리니, 정녕, 그들이 낸다 해도 나는 그들의 태의 사랑하는 열매까지도 죽이리라.**』(16절)라고 응답하셨다.

주님께서 바라시던 열매를 맺지 못한 이스라엘은 그들의 태의 열매가 저주를 받게 되었다. 오늘날의 교회들이 주님께 합당한 열매를 맺지 못하자 그들에게는 더 이상 "태의 열매"가 없다. 즉 참된 회심자가 없게 되었고, 교회에 출석하던 사람들마저 죄로 타락하여 세상으로 가 버렸으며, 그 누구에게도 영적 감화를 줄 수 없는 메마르고 죽어 버린 교회가 되었다. 그들은 뿌리가 말라 버리고(마 13:6) 두 번 죽어 뿌리까지 뽑힌(유 1:12) 나무처럼 되어 어떤 실제적인 열매도 맺을 수 없는 것이다.

이와 같이 믿음의 뿌리는 매우 중요하다. 그것이 마르지도 않고 뿌리 뽑히지도 않도록 주의해야 한다. 성도가 열매를 맺지 못한다면 그의 영적 상태는 갈수록 심각해진다. 따라서 어떻게 해서든지 주님께 열매를 맺도록 기도하며 노력해야 한다(성령의 열매, 구령의 열매).

민족들 가운데 유랑하는 에프라임(15-17절)

『그들의 모든 악이 길갈에 있으므로 내가 그들을 미워하였으며, 그들의 행실이 악하므로 내 집에서 그들을 쫓아낼 것이요 내가 더 이상 그들을 사랑하지 아니하리라. 그들의 모든 고관들은 반역자들이니라. 에프라임은 얻어맞았고 그 뿌리는 말랐으며 그들은 열매를 맺지 못하리니, 정녕, 그들이 낸다 해도 나는 그들의 태의 사랑하는 열매까지도 죽이리라. 내 하나님께서는 그들을 내버리시리니, 이는 그들이 그에게 경청하지 아니하였기 때문이라. 그들이 민족들 가운데서 유랑하는 자가 되리라』(15-17절).

본문에서 말씀하는 심판의 이유는 다음과 같다.

첫째, 에프라임의 모든 악이 길갈에 있다. 그렇기 때문에 주님께서는 그들을 미워하셨다(15절 a). 길갈은 이스라엘이 처음 약속의 땅으로 들어갔을 때 유월절과 할례가 지켜졌던 곳이다(수 5:9,10). 하지만 바로 그 길갈은 불법적인 왕이 선출된 곳이 되었고(삼상 11:15), 그 왕이 불법적으로 번제를 드린 곳이 되었다(삼상 13:8,12). 길갈에서 사울왕은 자신의 생명을 내놔야 할 죄를 지었고(삼상 15:12-21), 후에 왕관을 다윗에게 빼앗겼다. 길갈은 그곳에서 행해지는 우상 숭배로(호 12:11) 인해 선지자들에게 조롱당하는 곳이 되었다(호 4:15; 9:15, 암 4:4; 5:5).

둘째, 에프라임의 행실이 악하고 그들의 모든 고관들이 반역자들이다. 그렇기 때문에 주님께서는 그들을 주님의 집에서 쫓아낼 것이고 더 이상 그들을 사랑하지 않으실 것이다(15절 b).

셋째, 에프라임은 하나님께 경청하지 않았다. 그렇기 때문에 하나님께서는 그들을 내버리셔서 민족들 가운데서 유랑하는 자가 되게 하실 것이다(17절, cf. 잠 1:24-33).

하나님께서도 미워하실 때는 미워하시고 이전에 베푸시던 사랑을 거둬 가신다(15절). 하나님께서는 죄인의 행위뿐만 아니라 죄인 자체를 미워하신다. 『**그들의 모든 악이 길갈에 있으므로, 내가 그들을 미워하였으며**』(15절). 예수 그리스도를 거부하는 죄인들을 하나님께서 사랑하실 것이라고 생각하지 말라. **죄인들에 대한 주님의 사랑은 2천 년 전 갈보리 십자가에서 한 번 보여졌다**. 그 뒤로는 믿지 않는 자들의 머리 위에 언제나 심판의 도끼가 떨어질 준비를 하고 있다. 『**아들을 믿는 자는 영생을 가졌고 그 아들을 믿지 않는 자는 생명을 보지 못하고 오히려 하나님의 진노가 그 사람 위에 머물러 있느니라**』(요 3:36). 이 말씀에서 "머물러 있느니라."는 분명히 현재 시제로 되어 있다. 하나님의 진노가 바로 "지금" 죄인들의 머리 위에 머물러 있다. 이 사실을 그 사람이 느끼건 느끼지 못하건 상관이 없다. 진노는 늘 "**회개하지 않는 죄인들**"의 머리 위에 머물러 있어서 언제든지 떨어질 준비를 하고 있다(눅 13:1-5).

■ 새롭게 깨달았거나 적용할 내용이 있다면 적어 보세요. ■

NOTES

제3과

너희 묵은 땅을 파 일구라(10장)

『너희 자신에게 의로 심고 자비로 거두라. 너희 묵은 땅을 파 일구라. 이는 지금이 **주**를 찾을 때임이니, 그가 오셔서 너희에게 의를 비처럼 내리실 때까지라』(호 10:12).

방치된 묵은 땅은 하나님께서 내버리신다

호세아뿐 아니라, 선지자 예레미야도 이스라엘을 향해 『**너희의 묵은 땅을 갈고 가시나무 사이에 씨 뿌리지 말라.**』라며 경고했다(렘 4:3). 이렇듯 타락한 이스라엘은 그들의 실제적인 땅조차도 버려지게 될 것이다. 그러므로 그들이 주를 찾고, 주님께로 돌이켜야만 비로소 땅의 풍성함과 함께 안식을 누리게 된다.

이것을 신약 성도에게도 영적으로 적용할 수 있는데, 성경은 말씀을 "씨"에 비유하고 있기 때문이다(마 13장, 벧전 1:23). 하지만 마음 밭에는 이러한 말씀의 씨 외에도 그것을 해치려고 늘 틈을 노리는 잡초들과 못된 짐승들이 있다. 그러므로 동산을 관리하고 지키던 아담처럼(창 2:15), 성도들 또한 "말씀의 동산"을 지키는 자가 되어야 한다. 파수꾼으로서 마음 밭에 심겨진 말씀이 잘 자라도록 지켜야 하고, 또한 예수 그리스도의 몸인 교회를 "거짓 교리"(누룩)와 "거짓 교사들"(이리들)로부터 철저히 지켜야 한다. 뿐만 아니라 각자가 받은 은사에도 소홀함이 없어야 한다. 은사는 사용하지 않고 방치하면 아무 짝에도 쓸모가 없어지는데, 이것은 하나님의 교회와 성도 자신에게도 엄청난 손실이 아닐 수 없다. 그런데도 한편에서는 자기 마음 밭을 여우가 와서 망쳐도 모른 채 잠든 성도가 있고, 심지어 자신의 마음 밭을 세상의 정욕들로 가득 채우는 자들도 있다. 그러므로 지금껏 자기 마음 밭을 황폐하도록 내버려두었다면, 지금 당장 잡초를 뽑고 묵은 땅을 파 일구라. 그렇지 않으면 이스라엘처럼 내버려지게 될 것이다.

썩은 열매를 내는 이스라엘

1. 헛된 포도나무가 된 이스라엘

『이스라엘은 헛된 포도나무라, 그가 자기에게 열매를 내는도다. 그의 열매가 많을수록 그는 제단의 수를 늘렸으며, 그의 땅이 좋을수록 그들은 형상들을 좋게 만들었도다』(10:1).

예수 그리스도께서 이 땅에 오셨을 때, 자신을 『**참 포도나무**』라고 하셨고, 하나님 아버지를 『**농부**』라 말씀하셨다(요 15:1). 그렇기에 주님은 지상 생애에서 늘 하나님의 뜻에 따라 행하셨고, 아버지를 영화롭게 하는 일에 마음을 다하셨다. 그렇다면 호세아의 눈에 비친 당대의 이스라엘은 어떠한가? 하나님께서는 그들에게 "곡식과 포도주와 기름"을 주었으며, "은과 금"도 여러 배로 늘려주셨다. 그런데 창녀 짓을 하던 이스라엘은 "그것은 연애했던 자들이 준 것"이라 생각했다(호 2:5,8). 사실 하나님께서 이스라엘을 택하셨을 때, 그들은 『**광야에서의 포도**』요, 『**무화과나무에서 처음 익은 첫 열매**』 같았다(호 9:10). 그렇지만 하나님께서는 그들의 땅을 좋게 하고, 그들의 열매를 늘렸다. 하지만 그들의 열매가 많을수록 이방 신들의 제단의 수를 늘렸고(호 8:11, 렘 2:28), 형상들을 좋게 만들었던 것이다(신 32:10-19). 그들은 하나님께 감사와 영광을 돌린 것이 아니라, 오히려 이방신들을 위한 제단들과 형상들을 만들어 그것에 감사를 표한 것이다. 『**내가 그들의 팔을 잡아서 힘을 주었으나 그들은 나를 대적하여 악을 꾀하는도다**』(호 7:15), cf.렘 32;34). 결국 이스라엘은 하나님께서 바라시는 열매가 아닌 『**야생포도**』를 맺고 말았다(사 5:4).

그러므로 이스라엘은 카인처럼 "악인의 쟁기질"(잠 21:4)로, 『**자기에게 열매**』를 냈고, 또한 『**거짓말의 열매**』를 맺었다(13절). 심지어 그들은 "너무 나빠서 먹을 수 없는" 썩은 열매를 맺었다(렘 24:2, cf. 갈 6:8). 『**그들의 포도나무는 소돔의 포도나무요, 고모라의 들에서 나온 것이라. 그들의 포도는 쓸개 포도니, 그 송이들은 쓰며 그들의 포도주는 용의 독이요, 독사들의 지독한 독이라**』(신 32:32,33). 이러한 결과로 이스라엘은 자신이 심은 행위의 열매를 먹게 되었고, 하나님께서는 그들의 행위대로 갚으셨다. 『**그러므로 그들은 자기들의 행위의 열매를 먹고 자신들의 계략들로 배부르리라**』(잠 1:31, cf. 약 3:12, 사 3:10, 갈 6:7).

성령을 통해 맺는 참된 열매

사람들은 교회 회원 수가 증가하면 그것을 열매라고 한다. 또한 교회 헌금과 십일조, 그리고 커다란 교회 건물을 열매라고 여긴다. 하지만 성경에서 말씀하시는 참된 열매는 『**참 포도나무**』이신 예수 그리스도께 붙어 있는 성도들이 맺는 『**성령의 열매**』이다(갈 5:22). 다시 말해 진리의 말씀으로 성장하고, 고난을 견디며, 진리를 증거하는 "성경대로 믿고 실행하는 그리스도인"이 지역 교회마다 늘어나는 것을 말한다. 그러므로 겉보기에 좋은 것만 가지고 그것을 하나님께서 주신 열매라며 자랑하려 들지 말라는 것이다.

2. 마음이 나뉜 이스라엘

『그들의 마음은 나뉘었고 이제 그들에게서 잘못이 발견되리니, 주께서 그들의 제단들을 부수실 것이요 그들의 형상들을 헐으시리라』(10:2).

성경은 분명 "네 마음과 혼과 힘을 다해" 주 하나님을 사랑하라고 명령하신다(신 6:5). 동시에 "두 마음을 품지 말라"고도 경고하시는데(대상 12:33), 이는 현 세상이 하나님의 진영과 마귀의 진영으로 나뉘어 있기 때문이다.

따라서 두 마음을 품은 사람은 세상과 하나님을 오가며 그의 길에 안정이 없을뿐더러(약 1:8), 마음이 정결할 수도 없다(약 4:8). 또한 마음이 나뉘게 되면 하나님을 향한 사랑과 열정 그리고 헌신도 나뉘게 된다. 그래서 마음이 나뉜 이스라엘은 우상을 섬기는 제단들과 형상들로 열매를 드러낸 것이다. 그러므로 하나님께서 그들이 의지하고 신뢰하는 것들을 부수시고 헐어버리심으로써, 주께로 돌아오기를 바라셨다(2절, cf. 8절).

이러한 징계가 하나님을 두려워하지 않으므로 일어난 결과라는 것을 그들은 짐짓 깨달았을 법도 하다. 하지만 그들은 주께로 돌이키기는커녕, 왕이 있어봤자 『**우리에게 무엇을 해 주리요?**』(3절)라며 지금껏 자신들이 행한 것처럼 타락의 길을 계속 가려고 했다. 사실상 그들의 왕은 하나님께서 세우신 것도 아니다. 『**그들이 왕들을 세웠으나 나로 말미암지 아니하였고, 그들이 고관들을 세웠으나 나는 모르는 바며, 그들이 그들의 은과 금으로 그들에게 우상들을 만들었으니, 그들이 멸망하게 되리라**』(호 8:4). 뿐만 아니라 그들은 수없이 하나님과 맺은 언약도 어겨왔다(4절, cf. 신 31:20, 수 23:16, 판 2:20, 왕상 11:11, 사 24:5, 렘 34:18, 겔 17:16). 즉, 하나님께 맹세는 하면서도 그것을 지키지는 않았던 것이다. 결국 『**거짓되이 맹세**』(4절)한 것이다.

이처럼 『**죄악을 물처럼 마시는**』(욥 15:16) 이스라엘에게 임할 하나님의 심판은 『**밭고랑에 독초**』(4절)처럼 솟아나고 있었으며, 밭고랑의 물이 그곳의 잡초를 더 빨리 자라게 하듯, 그들에게 임할 심판(독초) 또한 그렇게 준비되고 있었다.

■ 새롭게 깨달았거나 적용할 내용이 있다면 적어 보세요. ■

우상 숭배로 인해 영광이 떠나 버린 이스라엘

1. 벧아웬의 송아지들

『사마리아의 거민들은 벧아웬의 송아지들로 인하여 두려워하리라. 그 백성이 그것을 슬퍼할 것이요, 또 그것을 즐거워하던 그 제사장들도 슬퍼하리니, 이는 그 영광이 그것으로부터 떠났음이라. 그것이 또한 앗시리아로 옮겨져 야렙왕에게 선물로 주어지리니, 에프라임은 수치를 받을 것이요 이스라엘은 자신의 계획을 부끄러워하리라』(10:5,6).

과거 재판관들의 시대에 이스라엘이 하나님의 궤를 빼앗겼을 때 하나님의 영광은 그들에게서 떠나버렸다. 또한 느밧의 아들 여로보암이 단과 벧엘에 금 송아지를 세운 이래로, 솔로몬 때에 주어졌던 영광도 떠나버렸다. 그런데도 이스라엘은 본문 5절에서 보듯이 여전히 『**그것**』(it, 벧엘 근처에 있는 『**벧아웬의 송아지**』)을 섬기며, "그것"으로 인해 기뻐하고 즐거워한 것이다.

선지자 호세아는 앞선 8장에서 사마리아가 섬기는 송아지에 대해 경고한 바가 있다. 그 송아지는 이스라엘로부터 나온 것이요 장인이 만든 것일 뿐, 결코 하나님께서 선정하신 것이 아니다. 당연히 그것은 하나님이 아님에도 불구하고 그들은 하나님처럼 "그것"을 섬겼다(호 8:6). 무엇보다 그 타락의 중심에 제사장들이 있었고, 백성들도 모두 그 악한 일에 동참자가 되었다. 『**나의 백성들아, 그녀에게서 나오라. 그리하여 그녀의 죄들에 동참자가 되지 말고 그녀의 재앙들도 받지 말라**』(계 18:4). 이 때문에 하나님의 분노가 그들을 향해 타올랐으며, 그들이 그토록 섬기던 "그것"을 앗시리아 『**야렙왕**』(호 5:13)에게 선물로 주시면서, 『**네 송아지가 너를 버렸느니라.**』라며 그들을 조롱하셨다(호 8:5).

이렇듯 하나님의 선언은 『**하나님의 성전과 우상들이 어찌 일치되겠느냐?**』(고후 6:16)는 것이다. 그러므로 우상으로 더럽혀진 그들에게서 하나님의 영광은 떠날 수밖에 없다(삼상 4:21). 결국 제사장들로부터 백성에 이르기까지 온통 타락해버린 그들에게서 즐거움을 제거하시고 슬픔으로 갚으셨고, 그것이 그들에게 수치와 부끄러움이 되게 하셨다. 이렇듯 하나님을 배제한 계획 곧, 하나님께 조언을 구하지 않고 제멋대로 결정한 계획은 그들에게 모두 수치로 되돌아갈 뿐이다. 『**오 주, 이스라엘의 소망이시여, 주를 버리는 자는 다 수치를 당할 것이며 또 내게서 떠나는 자들은 흙에 기록되리니 이는 그들이 생수의 근원이신 주를 버렸음이니이다**』(렘 17:13).

2. 아웬의 산당들

『사마리아로 말하면, 그녀의 왕은 물 위에 거품처럼 끊어졌으며, 또한 이스라엘의 죄, 곧 아웬의 산당들이 파괴될 것이니 ❶ 가시와 엉겅퀴가 그들의 제단들 위에 솟아날 것이요, ❷ 그러면 그들이 산들에게 말하기를 "우리를 덮으라." 하겠고, 작은 산들에게 말하기를 "우리 위에 무너지라." 하리라』(10:7,8).

본문 7절은 타락한 이스라엘을 향해 그들의 왕을 『**물 위에 거품**』처럼 끊어버리시고, 『**아웬의 산당들**』을 파괴시킬 것을 예언하고 계신다. 특히 본문에서 말씀하시는 『**이스라엘의 죄**』는 금송아지와 관련 있는데, 『**아웬**』은 5절의 "벧아웬"을 언급하는 것으로 볼 수 있다. 이스라엘은 예로부터 "카인의 길"로, "발람의 잘못"으로, 또한 "코라의 모반"에 동참하는 죄들을 지어왔는데, 결국 『**자기의 수치를 거품처럼 내뿜는 바다의 성난 파도**』(유 1:13)같은 이스라엘을 향해 하나님께서 그대로 되갚아주셨다.

그리고 이은 8절도 그들에게 임할 하나님의 진노에 관한 말씀인데, 주목할 점은 이 예언의 말씀이 단순히 "야렙 왕"(B.C. 720)을 향해서만 선포된 것이 아니라는 것이다. 그러므로 『**아웬의 산당들이 파괴될 것**』이라는 선언 뒤에 붙은 콜론(:)은 성경을 해석하는데 있어서 매우 중요한 부분으로, 이는 콜론의 뒷부분이 "이중적인 예언(적용)"을 다루고 있기 때문이다. 먼저 ❶ 『**가시와 엉겅퀴가 그들의 제단들 위에 솟아날 것이요**』라는 앞부분은 역사적으로 이루어졌다(B.C. 720 - A.D. 1948). 아담의 불순종으로 땅에 나타난 심판인 『**가시와 엉겅퀴**』(창 3:18)는 하나님을 대적하여 세운 제단들뿐 아니라 그들의 장막에서도 마찬가지로 솟아날 것이다. 『**그곳들은 엉겅퀴가 차지할 것이요, 그들의 장막 안에는 가시나무들이 있으리라**』(호 9:6). 그런데 ❷ 『**산들에게 말하기를 "우리를 덮으라." 하겠고, 작은 산들에게 말하기를 "우리 위에 무너지라."**』라는 뒷부분은 세상이 시작된 이래로 결코 없던 일로(마 24:21), 성경은 이 일이 대환란에서 분명 이루어질 것을 계시하고 있다. 『**산들과 바위들에게 말하기를 "우리 위에 떨어져서 보좌에 앉으신 분의 얼굴과** 어린양의 **진노에서 우리를 숨기라. 이는 그분의 진노의 큰 날이 임하였음이니 누가 감히 설 수 있으리요?" 하더라**』(계 6:16,17, cf. 눅 23:30).

우상을 버리고, 주를 찾으라.
(행 17:27)

세계에는 약 200여 개의 나라가 존재한다. 그런데 이들 나라들보다 더 많은 것이 그들 각자가 섬기는 "우상들의 수"다. 심지어 일본에는 우상이 800만 개에 이른다고 한다. 하지만 우상은 아무런 유익을 줄 수도 없고, 말도 하지 못하며, 그 안에 호흡조차 없다(합 2:18,19). 그러므로 자신의 어리석음을 버리고, 하늘과 땅과 바다와 그 안에 있는 만물을 지으신 살아

계신 하나님께로 돌아와야 한다(행 14:15). 그리고 길이요, 진리요, 생명이신 예수 그리스도를 구주로 영접하라(롬 10:9,10). 그렇지 않고 죽음을 맞이한다면, 당신은 영원한 지옥의 고통을 현실로 맛보게 될 것이다. 『보라, 지금이 기뻐 받아들여진 때요, 보라, 지금이 구원의 날이라』(고후 6:2).

이스라엘을 향한 하나님의 권면

1. "기브아에서의 전쟁"을 기억하라.

『오 이스라엘아, 네가 기브아의 날들로부터 죄를 지었도다. 그들은 거기에 섰으며, 죄악의 자손들에게 대항한 기브아에서의 전쟁은 그들을 따라잡지 못하였느니라. 내가 그들을 징계해야 한다는 것이 내 마음에 있나니, 그들이 두 고랑 사이에 그들의 몸을 묶을 때 백성들이 그들을 대적하여 모이리라』(10:9,10).

정복 전쟁을 통해 약속의 땅에 정착한 이스라엘은 하나님의 명령에 따라 그 땅의 거민들을 몰아내야만 했지만 그러지 않았다(민 33:51-56). 그중에서 베냐민 지파는 예루살렘 거민인 "여부스인"을 몰아내지 않았는데(판 1:21), 이것이 본문 9절에서 언급한 『**기브아의 날들**』(9절, cf. 호 9:9), 곧 『**기브아에서의 전쟁**』의 빌미를 제공하고 말았다(판 19,20장).

"기브아에서의 전쟁"은 재판관 시대에 있었던 사건으로, 에프라임 산지 곁에 기거하던 한 레위인이 베냐민에 속한 기브아에 들렀다가 남색자들에 의해 봉

변을 당할 뻔한 사건에서 시작되었다. 당시에 그는 남색자들에 의한 봉변은 면했지만, 그의 첩이 집단적으로 유린당함으로써 이스라엘의 내전의 단초를 제공하고 말았다. 그런데 베냐민에 속한 "벨리알의 아들들" 곧, **『죄악의 자손들』**(9절)을 대항해서 일으킨 이 전쟁에서 나머지 지파들은 그들을 따라잡지 못한 채 두 번이나 패했으며, "여부스인"에 의해 자행되던 남색(sodomy) 또한 베냐민 자손들 가운데서도 제거되지 못했던 것이다. 이러한 죄악은 심지어 다윗과 솔로몬 왕국 이후에도 사라지지 않고 성행했던 것이다(왕상 14:24; 15:12; 22:46, 왕하 23:7).

그러므로 이스라엘은 "기브아의 날들"을 기억하고 교훈을 얻어야 했다(롬 15:4). 하지만 여전히 **『그들』**("유다와 에프라임", 11절)은 두 밭고랑 사이에 한데 묶여 있다(10절). 다시 말해 유다와 에프라임은 "우상"이라는 줄로 한데 묶여서, 마치 같은 멍에를 메고 죄악을 쟁기질하는 두 마리 황소 같다(11절, cf. 잠 21:4). 이제 밭고랑에는 "**우상을 위한 제단**"(호 12:11)뿐 아니라, "**솟아오르는 심판**"(호 10:4)도 함께 했다는 사실을 간과해서는 안 된다. 우상숭배에서 돌이키지 않은 이스라엘에 대해 하나님께서는 이방인들을 통한 **『징계』** 곧 "솟아오르는 심판"으로 그들을 정결케 하실 것이다(10절).

2. 네 묵은 땅을 파 일구라.

『에프라임은 길들인 암소 같아서 곡식 밟기를 좋아하나 내가 그 고운 목에 *멍에를* 가로질렀으니 에프라임으로 타게 하리라. 유다는 쟁기질을 하고 야곱은 그의 흙덩어리들을 깨게 되리라. 너희 자신에게 의로 심고 자비로 거두라. 너희 묵은 땅을 파 일구라. 이는 지금이 **주**를 찾을 때임이니, 그가 오셔서 너희에게 의를 비처럼 내리실 때까지라』(10:11,12).

에프라임은 애써 먹이를 찾으러 날지 않아도 되는 "공원의 비둘기"처럼 일할 생각이 전혀 없다(11절). 다시 말해 그녀는 "잘못 길들인 암소"처럼 곡식 밟기를 좋아하며, 오직 먹는 것에만 관심이 있다(마 23:14, cf. 고전 9:9,10). 사실상 밭가는 일은 힘든 데다, 한 번도 "일군 적이 없는 땅" 곧, 『**묵은 땅**』(12절)은 더욱 그렇다. 그런 에프라임의 목에 하나님께서는 『**멍에**』("앗시리아 왕")를 씌우셨고, 게다가 누군가가 "탈 목적"(to ride)으로 그녀에게 안장을 얹히셨다. 이것은 하나님을 버린 이스라엘이 주를 찾고, 묵은 땅을 파 일구어서, 『**자신에게 의로 심고 자비로 거두**』게 하시는 자비로우신 하나님의 "특단의 조치", 곧 에프라임으로 하여금 제대로 길들인 암소가 되게 하시려는 것이다.

사실 에프라임은 하나님이 아닌 믿는 구석이 따로 있다(13절). 그래서 그들은 하나님의 제단을 버려둔 채, 우상의 제단들과 형상들로 악을 갈고 죄악을 거두며 거짓말의 열매를 먹었던 것이다. 그렇기에 그녀가 더 이상 헛된 포도나무로 발견되지 않도록(호 10:1), 선지자 호세아를 통해 경고하고 있는 것이다. 『**주를 찾으라. 그리하면 너희가 살리라. 그렇지 아니하면 그가 요셉의 집에 불같이 일어나 삼키리니 그리하면 벧엘에서 그것을 끌 자가 아무도 없으리라**』(암 5:6). 그러므로 이스라엘은 제단들 위에 가시와 엉겅퀴로 하나님의 심판이 솟아나기 전에 쟁기질로 흙덩이를 깨야 한다. 그리고 의로 심고 자비로 거둘 수 있도록 묵은 땅을 파 일구어야 한다(12절).

특히 대환란을 통과하게 될 이스라엘은 『**의를 비처럼 내리실**』(12절) 재림 때까지 주를 찾아야 한다(호 6:3). 재림하시는 주님은 ❶ "의에 굶주리고 목마른"에게 "의의 비"를 주시며, 또한 ❷ 3년 반 동안의 가뭄으로 인해 고통 받게 될 환란 성도들에게 내릴 "실제적인 비"를 가져오실 것이다. 그러므로 이스라엘은 주께서 오시기까지 인내로 그러한 "비"를 기다리며, 묵은 땅을 파 일구고 의로 심어야 한다. 그래야만 주께서 오셔서 의를 비처럼 내리실 때, 그들은 주님의 자비로 거둔 곡식을 밟으며 기뻐할 수 있다.

3. 네 길을 버리고 주를 신뢰하라.

『너희가 악을 갈고 죄악을 거두었으며 너희가 거짓말의 열매를 먹었나니, 이는 네 용사가 많으므로 네가 네 길을 신뢰하였기 때문이라. 그러므로 네 백성 가운데 소동이 일어나며 네 모든 요새들이 훼손되어 마치 전쟁의 날에 살만이 벧아벨을 훼손했던 것과 같으리니, 어미가 자기 자식 위에서 산산조각났도다. 너희의 큰 악으로 인하여 벧엘이 너희에게 그렇게 하리니, 하루 아침에 이스라엘 왕이 완전히 끊어지리라』(10:13-15).

에프라임은 주께로 돌아오기 전에 먼저 "자기 길"(13절)을 버려야 한다(12절). 『**악인은 자기의 길을, 불의한 사람은 자기 생각들을 버리고 주께로 돌아오라. 그리하면 주께서 그에게 자비를 베푸시리라. 우리 하나님께로 돌아오라. 그가 넘치게 용서하실 것임이라**』(사 55:7). 그러지 않으면 재앙이 그 뒤를 따를 뿐이다. 하지만 이러한 권면에도 불구하고, 에프라임은 위대하신 하나님의 능력보다는 용사의 수를 더 신뢰했다(13절). 하나님께서 다윗에게 계수하지 말라고 명하신 것도 이러한 맥락에서다. 『**주의 구원하심은 사람의 많고 적음에 제한받지 않기 때문이라**』(삼상 14:6, cf. 기드온의 삼 백 용사). 그러므로 죄악에 묶여 있는 에프라임에 대한 심판은 "전쟁"을 통해서 나타나며, 그 끝은 황폐함뿐이다(호 13:12-16).

본문 14절은 그러한 결과에 대한 비참한 모습을 생생히 보여 주고 있다. 이스라엘은 그들의 죄악으로 인해 『**네 백성 가운데 소동**』(14절, cf. "기브아에서의 전쟁")과 같은 내전으로 민족이 위기에 처할 뻔했다. 또한 외세의 침입 곧, 앗시리아를 통한 수십 번의 공격으로 결국 『**이스라엘 왕**』(호세아, 이스라엘의 마지막 왕)은 하루아침에 완전히 끊어지고 만다(15절, cf. 7절). 『**이제 그들의**

심판은 예로부터 지체하지 않으며 그들의 멸망은 졸지 아니하느니라』(벧후 2:3, cf. 계 18장). 그러므로 주의 심판이 임하기 전에 악을 갈고 죄악을 거두는 것에서 돌이켜 당장 주님을 찾아야 한다. 도움을 위해 결코 엉뚱한 길로 가서는 안 된다(사 31:1).

■ 새롭게 깨달았거나 적용할 내용이 있다면 적어 보세요. ■

NOTES

제4과
사랑의 줄로 이끄신 하나님(11장)

『내가 사람의 줄, 사랑의 줄로 그들을 이끌었고, 내가 그들에게 그들의 턱에서 멍에를 벗기는 자들 같았으며, 내가 그들에게 음식을 두었노라』(호 11:4).

예수 그리스도를 예표하는 "이스라엘"

"이스라엘"은 "예수 그리스도"를 예표한다. 왜냐하면 예수님께서 "하나님의 아들"(요 3:16; 20:31)이시고, "첫태생"(마 1:25, 골 1:15)이시듯이, 이스라엘도 민족적인 차원에서 "하나님의 아들"이고, 또 "첫태생"이기 때문이다. 『**너는 파라오에게 말하기를 '주가 이같이 말하노라. 이스라엘은 내 아들이요, 내 첫태생이니라. 내가 네게 말하노니 내 아들을 가게 해서 그로 나를 섬기게 하라. 만일 네가 그를 보내기를 거절하면, 보라, 내가 네 아들, 네 첫태생을 죽이리라.' 하라." 하시니라**』(출 4:22,23).

또한 예수님께서 "하나님의 종"(사 42:1-4; 52:13,14)이시듯, 이스라엘 역시 "하나님의 종"으로 불리기 때문에 예표라 할 수 있다. 『**그러나 이스라엘, 내가 택한 야곱, 내 친구 아브라함의 씨야, 너는 나의 종이라. 내가 너를 땅 끝들에서부터 취하였고 거기의 우두머리들로부터 너를 불러서 네게 말하기를 "너는 나의 종이라. 내가 너를 택하였고 버리지 아니하였도다." 하였노라**』(사 41:8,9).

■ 새롭게 깨달았거나 적용할 내용이 있다면 적어 보세요. ■

이스라엘을 버리지 않으시는 하나님

『이스라엘이 아이였을 때 내가 그를 사랑하여 내 아들을 이집트에서 불러내었도다. *선지자들이* 그들을 부를수록 그들은 그들에게서 멀어져서 바알들에게 희생제를 드리며 새긴 형상들에게 분향하였도다. 또한 내가 에프라임에게 그들의 팔을 잡고서 걷도록 가르쳤으나, 그들은 내가 그들을 고친 것을 몰랐도다. 내가 사람의 줄, 사랑의 줄로 그들을 이끌었고, 내가 그들에게 그들의 턱에서 멍에를 벗기는 자들 같았으며, 내가 그들에게 음식을 두었노라』(1-4절).

호세아 11장에서는 "**하나님께서 이스라엘을 향해 회개를 촉구하시는 모습**"이 나오는데, 특히 "출애굽 당시의 상황"을 상기시키시면서 책망과 함께 회개를 촉구하고 계신다. 『**이스라엘이 아이였을 때 내가 그를 사랑하여 내 아들을 이집트에서 불러내었도다**』(1절). 앞서 언급했듯이 이스라엘이 예수님을 예표하는 것이 분명하기 때문에, 성령님께서는 1절 말씀을 신약 성경에서 "예수님"께 적용하신다(마 2:13-15). 이렇듯 "1절 말씀"은 "역사적으로는" 이스라엘의 "출애굽 사건"에 적용되고, "예언적으로는" 초림 당시 "이집트로 피난 가셨다가 다시 돌아오시는 예수님"께 적용되고, 또 "대환란 기간에 광야로 피난 갔다가 다시 약속의 땅으로 돌아올 이스라엘"에게 적용된다. 『**그러므로 보라, 내가 그녀를 꾀어 광야**[에돔 광야, "셀라 페트라"]**로 데려가서 그녀에게 위로하여 말하리라**』(호 2:14). 장차 교회가 휴거된 이후에 펼쳐질 "환란 기간"에는 과거 출애굽 여정에서 일어났던 "주요 사건들"이 다시 재현될 것이다(호 2:15, 사 11:16).

한편 이스라엘 백성을 향해 회개를 촉구하시는 하나님께서는 "선지자들"을 통해 이스라엘 백성을 부르셨지만, 그들은 자기들을 부르는 선지자들로부터 더

멀어져 우상 숭배로 나아갔다(2절). 심지어 부모가 어린 자녀에게 걸음마를 가르치는 것처럼 하나님께서 "에프라임," 곧 북왕국 이스라엘에게 걷는 법을 가르치시고, 또 그들을 고쳐 주셨지만 그들은 그런 사실에 대해 전혀 무지했다(3절). 분명 하나님께서는 "율법을 통해" 그들을 가르치셨고, 이집트에서 고난 중에 아파하고 부르짖었던 그들의 부러진 다리를 고치시고 치유해 주셔서 걷게 해 주셨는데, 이런 사실은 모세에게 주신 "최초의 표적"이 "치유의 표적"이었다는 것을 통해(출 4:6,7) 더욱 확증된다. 하지만 이스라엘은 그런 사실을 몰랐고, 설령 알았다 해도 고의로 잊어버렸다.

특히 하나님께서는 『**사람의 줄, 사랑의 줄로**』(4절) 그들을 이끄셨는데, "사람의 줄"은 초림 당시 "성육신하신 하나님"으로 이 땅에 나타나시어 백성들을 이끄신 모습을 보여 주고, 또 "사랑의 줄"은 말 그대로 하나님께서 백성들을 "사랑으로" 이끄셨음을 보여 줌과 동시에, 출애굽 때 이스라엘이 국가적으로 태동할 당시의 모습이 "사랑의 때"였다는 사실도 잘 암시해 준다(겔 16:8). 또한 하나님께서는 그렇게 이끄시는 가운데 그들의 "턱"에서 "이집트의 멍에"를 벗기셨고, 곧 "이집트의 속박"을 끊어 내셨고, "사랑의 줄"로 하나님 그분 자신께 그들을 묶어 두셨다. 뿐만 아니라 그들 앞에 음식을 두기도 하셨으니, 출애굽 이후 40년간의 광야 생활 속에서 만나와 고기를 주셨고 물도 주신 것이다.

영적으로 적용해 보면, "성육신하신 하나님," 곧 "예수 그리스도"께서는 "십자가의 죽음"에까지 낮아지시기 위해 우리와 같은 인간의 몸을 입고 이 땅에 오셨고("사람의 줄"), 십자가의 죽음을 통해 위대한 사랑을 베풀어 주셨으니("사랑의 줄"), 그런 강권하시는 사랑으로(고후 5:14) 우리 그리스도인들을 이끌고 계신다. 또한 "이집트"로 예표되는 "세상"과 "죄"와 "죽음"과 "마귀"의 모든 속박을 끊어 내시고, 풍성한 영적 양식을 우리를 위에 마련해 주셨다.

『그가 이집트 땅으로 돌이키지 못할 것이요 앗시리아인이 그의 왕이 되리니, 이는 그들이 돌아오기를 거절하였음이라. 칼이 그의 성읍들에 거하여 그의 빗장들을 소멸하고 그들을 삼키리니, 이는 그들 자신의 계략들 때문이라. 내 백성이 나에게서 물러서는 경향이 있도다. 비록 그들이 지극히 높으신 분을 불렀으나 그분을 높이는 자는 아무도 없도다. 에프라임아, 내가 어찌 너를 포기하겠느냐? 이스라엘아, 내가 어찌 너를 내어주겠느냐? 내가 어찌 너를 아드마같이 만들겠느냐? 내가 어찌 너를 스보임같이 두겠느냐? 내 마음이 내 안에서 돌아서서, 내 마음의 돌이킴이 모두 불붙는도다』(5-8절).

하나님께서는 『**사람의 줄, 사랑의 줄로**』(4절) 이스라엘 백성들을 이끄셨으나, 그들은 "앗시리아"가 쳐들어왔을 때 하나님께 도움을 구하기는커녕 주변 "이방 민족," 특히 "이집트"를 향해 도와달라고 손을 내밀었다(5절). 하지만 그들은 이집트로 돌이키질 못할 것인데(5절), 이집트인들 역시 그들과 똑같은 "사람"인지라, 앗시리아의 손에서 그들을 구원할 수 없기 때문이다(사 31:3). 결국 이스라엘 백성들의 계획은 수포로 돌아가고 그들이 원치 않았던 상황에 직면하고 마는데, 그들을 침공한 "앗시리아인"이 그들의 왕이 되어 버린 것이다(5절). 대환란 기간에는 "적그리스도"가 그들의 왕이 되어 버리는데, 성경에서 "앗시리아인"은 "적그리스도"를 예표한다. 결국 이스라엘은 하나님의 진노의 심판을 피할 수 없는 것인데, 그들이 "칼"에 의해 멸망하는 것이다(6절).

이렇듯 하나님께로 돌아가길 원치 않았던 이스라엘은 계속해서 주님으로부터 물러서는 경향을 보였다(7절). 이런 경향에 대해 호세아 4:16에서는 『**이스라엘이 뒷걸음질하는 암송아지처럼 타락함이니**』라고 말씀하고, 예레미야 8:5에서는 『**어찌하여 이 예루살렘 백성은 계속되는 타락으로 뒤로 미끄러지느냐?**』라고 말씀한다. 물론 이들이 "지극히 높으신 하나님"을 부르지 않은 것은 아니다

(7절). 불렀으나 진정으로 부르지 않았고, 입술로만 존경할 뿐 마음은 멀리 떠나 있었으며(사 29:13), 진정으로 하나님을 높이는 자가 아무도 없었다(7절). 그래서 이스라엘은 심판받고 멸망할 수밖에 없는 것이다. 그러나 자비로우신 하나님께서는 그분의 백성인 이스라엘을 포기하시지 않는다. 『**에프라임아, 내가 어찌 너를 포기하겠느냐?**』(8절) 선지자 호세아는 그런 하나님의 마음을 슬프게 하지 말고, "지금 당장 회개하라"고 간곡히 호소하고 있다. 하지만 배은망덕한 이스라엘 백성은 하나님의 마음을 전혀 헤아리지 못했다. 『**이스라엘아, 내가 어찌 너를 내어주겠느냐? 내가 어찌 너를 아드마같이 만들겠느냐? 내가 어찌 너를 스보임같이 두겠느냐?**』(8절) 말하자면 소돔과 함께 불과 유황으로 멸망당했고 "동성연애의 죄"가 만연했던 성읍들(아드마, 스보임)처럼, "너희 이스라엘을 과연 내가 영원히 멸망시켜야 하겠느냐? 그렇게 할 수는 없지 않겠느냐? 너희를 포기할 수는 없지 않겠느냐?"라고 강력하게 호소하고 계신 것이다.

『내가 내 분노의 맹렬함을 행사하지 아니하며 내가 돌이켜 에프라임을 멸하지 아니하리니, 이는 내가 사람이 아니요 하나님이며, 네 가운데 계신 거룩한 분임이라. 내가 성읍으로 들어가지 아니하리라. 그들이 **주**를 따라가리니 그가 사자같이 포효할 것이요, 그가 포효할 때면 그 자손들이 서쪽에서부터 떨 것이라. 그들은 이집트에서 나온 새처럼 떨 것이요, 앗시리아 땅에서 나온 비둘기처럼 떨리라. 내가 그들을 그들의 집에 두리라. **주**가 말하노라』(9-11절).

자비가 풍성하신 하나님께서는 그 마음이 심판보다는 그들을 향한 연민으로 불타고 계셨다. 『**내 마음이 내 안에서 돌아서서, 내 마음의 돌이킴이 모두 불붙는도다**』(8절). 하나님께서는 공의를 행하셔야만 하는 그분의 "거룩한 성품"이 "연민이나 동정심"과 충돌될 때 심판을 내리기로 하신 그분의 "계획"을 바꾸실 수 있다. 그래서 맹렬한 분노와 심판을 행하시기 위해, 곧 "에프라임"을 멸하시기 위해 그 성읍으로 들어가지 않겠다고 말씀하신다(9절). 이것은 "심판"이 아닌 "회복"을 보여 준다. 그때에 이스라엘은 더 이상 주님으로부터 물러서는 경향을(7절) 보이지 않고 주를 따라갈 것이다(10절). 그렇게 따라갈 때 주님께서는 "사자"처럼 포효하실 것이다. "유다 지파의 사자"께서 포효하는 것이다(계 5:5, cf. 사 42:13). 재림하시는 예수 그리스도께서 포효하실 것인데, 그렇게 포효하실 때 이스라엘은 떨면서(10절) 그들의 죄에 대해 민족적으로 회개할 것이다. 그렇게 회개하고 난 후 재림하시는 주님을 따라갈 것인데, 그렇게 떨던 이스라엘의 남은 자들이 주를 따라 돌아오게 되면(10절), 하나님께서 그들을 그들의 집에 두실 것이다(11절). 바로 그때 이스라엘은 "유다 지파의 사자"이신 예수 그리스도처럼 "다른 이방 민족들" 위에 우뚝 서게 될 것이다(미 5:8). "천년왕국" 기간에는 회복된 이스라엘을 중심으로 새로운 국제 질서가 개편될 것인데, 이스라엘이 모든 짐승들 가운데 사자처럼 우뚝 설 것이다. 그러면 이방 민족들은 이스라엘 민족 앞에 두려워 떨게 될 것이다.

『에프라임은 거짓말로, 이스라엘 집은 기만으로 나를 에워싸나, 유다는 여전히 하나님과 함께 다스리며 그 성도들과 더불어 신실하도다』(12절). 아직까지는 당시의 "남왕국 유다 왕들"(호 1:1 - 웃시야, 요담, 히스키야)이 선한 왕들의 시대였다. 아직까지는 유다가 타락의 밑바닥까지 떨어지지 않았고, 여전히 하나님과 함께 다스리는 시대였던 것이다. 『그 성도들과 더불어 신실하』던(12절) 시대였던 것이다.

■ 새롭게 깨달았거나 적용할 내용이 있다면 적어 보세요. ■

NOTES

제5과

배교한 이스라엘의 영적 상태(12장)

『에프라임은 바람을 먹으며 동풍을 따라가는도다. 그는 날마다 거짓말과 황폐함을 늘리는도다. 그들은 앗시리아인들과 더불어 언약을 맺고, 기름은 이집트로 옮겨지는도다』(호 12:1).

성경의 영감성과 무오성의 증거 : "예언의 성취"

지금까지 발견된 모든 과학적 법칙을 능가하는 "수학적 현상"이 성경에서 발견되는데, 이것은 문자 그대로 이루어진 "성경의 예언들"이 일어날 확률을 계산해 볼 때 더욱 두드러진다. "예언"이란 무엇인가? "미리 기록된 역사"이다. 이것은 마치 먼 미래로 건너가서 앞으로 일어날 사건들을 지나간 과거처럼 뒤로 돌아보며 기록한 역사와 같다. 그래서 예언은 반드시 성취될 수밖에 없다. 성경은 세상의 어떤 종교 경전들과 달리 어떠한 머뭇거림도 없이 예언을 하고 있다. 하나님의 선지자들은 가깝게는 5년에서, 멀게는 400년까지의 미래의 일들에 대해 800가지도 넘게 예언했으며, 그 예언들 중 일부는 역사 속에서 문자 그대로 성취되었다. 이 세상에서 성경만큼 역사상 이뤄져 왔던 많은 예언을 갖고 있는 책이나 경전은 단 한 권도 없다. 역사상 이미 이뤄진 "초림과 연관된 300여 개의 예언들"이 우리 앞에 놓여 있을 때, 아직 이뤄지지 않은 "재림과 연관된 500여 개의 예언들"도 반드시 성취될 것이라고 우리는 확신할 수 있다. 그래서 이미 이루어진 예언들은 "성경이 영감받은 책이자, 어떤 오류도 없는 무오한 책"이라는 사실에 대한 확실한 증거가 된다.

■ 새롭게 깨달았거나 적용할 내용이 있다면 적어 보세요. ■

배교한 "에프라임"의 영적 상태(1절)

『에프라임은 바람을 먹으며 동풍을 따라가는도다. 그는 날마다 거짓말과 황폐함을 늘리는도다. 그들은 앗시리아인들과 더불어 언약을 맺고, 기름은 이집트로 옮겨지는도다』(1절).

"호세아"의 핵심 주제는 "<u>**재림 때 있을 이스라엘의 회개와 회복**</u>"이다. 하지만 선지자 "호세아" 당시의 "북왕국 이스라엘," 곧 "에프라임"의 영적 상태는 매우 심각했다. 그들은 아무리 먹어도 배부르지 않을 만큼 매우 허망할 정도로 지쳐 있었고(『**바람을 먹으며**』), 가뭄, 일사병, 메뚜기 등을 몰고 오는 뜨거운 "동풍"을 따라갈 만큼 "저주"를 먹고 마셨다. 거짓말과 황폐함을 늘렸으며, 하나님 외에 어떤 이방 민족과도 맺지 말았어야 할 언약을 "앗시리아인들"과 맺었고, "이집트인들"과는 "올리브기름"으로 거래하며 장사나 하고 있었던 것이다.

배교한 "유다"의 영적 상태(2-6절)

『**주**께서 또한 유다와 논쟁하시고 야곱을 그의 행위대로 벌하실 것이며, 그의 행실대로 그에게 보응하시리라』(2절).

"남왕국 유다"의 영적 상황 역시 마찬가지였는데, 비록 그들이 『**여전히 하나님과 함께 다스리며 그 성도들과 더불어 신실**』(11:12)했다 할지라도, 결국은 "우상 숭배"를 비롯한 여러 가지 죄악들에 동참할 것이기에, 선지자 호세아는 유다를 향한 "책망"을 아끼지 않았고, 또 "멸망과 심판"에 대해서도 강력하게 경고했다(5:5,10; 6:4; 8:14). 이에 하나님께서는 그들의 죄악에 대해 보응하시는데, "역사적으로" 보면, 역대기하 26장에서 "웃시야 왕"으로 하여금 "문둥병"에 걸리게 하셨고, 역대기하 28장에서는 사악한 "아하스 왕" 때 남왕국 유다가 "북왕국 이스라엘과 시리아의 연합군과의 전쟁"에서 패배하여 12만 명의 용사들이 죽고 시리아의 "다마스커스"로 사로잡혀 가게 하셨다.

『그는 태에서 그의 형의 발뒤꿈치를 잡았고, 또 자기 힘으로 하나님과 힘을 겨루었도다. 정녕, 그가 천사와 힘을 겨루어 이겼고, 그가 울며 그에게 간구하였으며, 그가 벧엘에서 천사를 만났고, 거기에서 그가 우리와 말하였으니, 곧 만군의 **주** 하나님이시요, **주**는 그의 기념이니라. 그러므로 너는 네 하나님께로 돌이켜서 자비와 공의를 지키며 네 하나님을 끊임없이 기다리라』(3-6절).

위 본문에서 남왕국 유다를 빗대어 설명하기 위해 등장시킨 "야곱"이 그의 모친 "리브카"의 태 안에서 형 "에서"의 발뒤꿈치를 붙잡은 사건은 창세기 25:26에 나오고, 『**자기 힘으로 하나님과 힘을 겨루었도다. 정녕, 그가 천사와 힘을 겨루어 이겼고, 그가 울며 그에게 간구하였으며, 그가 벧엘에서 천사를 만났고, 거기에서 그가 우리와**』(3,4절) 말한 사건은 창세기 32:24-32에 나온다.

한편 『**그가 우리와 말하였으니**』(4절)에서 "우리"는 창세기 32장에서 "야곱"이 함께 이야기를 나누었던 "신격," 곧 "삼위일체 하나님"을 가리킨다. 다시 말해 하나님께서는 "야곱이 '나'와 말했다"고 말씀하실 것을 "삼위일체 하나님으로서의 '우리'와 말했다"고 말씀하시는 것이다. 그래서 이어지는 5절에서는 『**우리**』를 가리켜 『**만군의 주 하나님**』이시라고 분명하게 말씀한다. 특히 그분의 이름, 곧 『**주**』는 "야곱(이스라엘)의 기념"이 되는데, 이와 관련하여 출애굽기 3:14,15에서는 하나님께서 모세에게 『**나는 곧 나니라... 나이신 분**』이라는 이름을 알려주시면서, 『**이것이 나의 영원한 이름이요 이것이 모든 세대에게 나의 기념이 되리라.**』 라고 말씀하셨다.

이처럼 "주 하나님의 이름"이 "이스라엘의 기념"이기에, 본문 6절에서는 『**그러므로 너는 네 하나님께로 돌이켜서 자비와 공의를 지키**』라고 말씀한다. **말하자면 하나님께로 돌이켜 회개하라는 것이다.** "회개"가 선행되어야 "회복"이 가능하다. 또한 회개를 통한 "영적 회복"이 선행되어야 "물리적인 회복"이 가능하다. 그래서 "자비와 공의를 지키라"고 말씀하는 것이다. "자비와 공의를 지키는 것"은 "영적 회복"을 의미하는데, 이것은 『**너희는 먼저 하나님의 나라와 그분의 의를 구하라. 그리하면 이 모든 것을 너희에게 더해 주시리라.**』(마 6:33)라는 말씀과 잘 연결된다. "진정한 회개"를 통해 "마음"이 먼저 준비되어야 하는 것인데, 그렇게 준비가 되어야 "왕을 받아들일 준비"를 갖출 수 있기 때문이다. 그렇게 마음이 준비되고 나면 "메시아"와 더불어 임하게 될 물리적인 왕국인 천국을 기다릴 수 있게 된다. 그래서 『**네 하나님을 끊임없이 기다리라.**』(6절)라고 말씀하는 것이다. 그러한 기다림 끝에 그들의 "메시아"이자 "하나님"이신 예수 그리스도께서 오실 것이고, 바로 그때 이스라엘은 온전히 회복되어 이 땅에 물리적으로 세워질 "천국"으로 들어가게 되는 것이다.

■ 새롭게 깨달았거나 적용할 내용이 있다면 적어 보세요. ■

속임수의 저울(7,8절)

> 『그는 상인이요, 그의 손에는 속임수의 저울이 있으며, 그는 압제를 사랑하는도다. 에프라임이 말하기를 "그러나 나는 부자가 되었도다. 내가 재물을 얻었으니 그들이 나의 모든 수고 가운데서 죄가 된 어떤 불의도 내 안에서 발견하지 못하리라." 하였도다』(7,8절).

"야곱"은 본래 "양을 치는 목자"였다(12절). 뿐만 아니라 "이스라엘의 조상들" 모두 "목자"였다. 그런데 위 본문에서는 "목자"인 야곱이 속임수의 저울을 갖고 압제를 사랑하는 "상인"으로 묘사된다. 이것은 "남왕국 유다"를 의미는 야곱이 부유하게 되고 가난한 자들을 압제했음을 보여 준다. "저울"은 "공평과 정의의 상징"인데(잠 16:11) 야곱이 갖고 있는 저울이 "속임수의 저울"임을 감안할 때, 남왕국 유다가 거짓과 속임수로 "부"를 축적했음을 알 수 있다.

북왕국 이스라엘인 "에프라임"도 부유하게 되었는데(8절), 그들 역시 남왕국 유다처럼 "부정한 방법"으로 "이득"을 취했으니, 이를 위해 공정해야 할 "저울 눈금"에 "부정한 손"을 댄 것이다. "속이는 저울"이란, 실제 무게보다 무게를 더 가볍게 보이도록 하기 위해 "저울의 눈금을 조정하는 것"을 의미한다. 그런 식으로 속임수를 쓰면 실제 무게와 다르게 측정된다 한들 아무도 눈치 채지 못하게 되는데, 말하자면 "죄"가 "죄가 아닌 것"처럼 속일 수 있는 것이다. 그래서 "에프라임"은 『**죄가 된 어떤 불의도 내 안에서 발견하지 못하리라.**』(8절)라고 아주 "뻔뻔스럽게" 말하고 있다.

이런 모습은 초림 당시 "바리새인" 같은 "종교 지도자들"에게서도 찾아볼 수 있다. 그들은 『**하나님의 계명을 버리고 사람들의 전통**』(막 7:8), 곧 『**장로들의 전통**』(마 15:2)을 지킨 "위선자들"이었는데, 바로 이 『**장로들의 전통**』이 『**속임**

수의 저울』(7절)에 해당한다. 말하자면 그들은 하나님의 말씀에 함부로 손을 댐으로써 "공정한 저울"(하나님의 율법에 따른 계명)의 눈금을 조정했고, 결국 "절대적 기준"이 무너진 상태에서 그들이 "임의로 눈금을 조정한 기준들"(장로들의 전통)을 내세워 주도면밀하게 "죄"를 "죄가 아닌 것"처럼 지웠던 것이다. 오늘날로 보면 "변개된 성서들"을 쓰는 사람들과 하나님의 말씀을 제멋대로 왜곡시켜 적용하여 실행하는 자들이 여기에 해당한다.

재림 때 있을 이스라엘의 회복(9-14절)

『이집트 땅에서부터 **주** 너의 하나님인 나는 엄숙한 명절의 날들과 같이 여전히 너를 성막에 거하게 하리라. 내가 또한 선지자들을 통하여 말하였고 내가 환상들을 많이 늘렸으며, 선지자들의 사역을 통해서 비유를 사용했노라』(9,10절).

위 본문에서는 "출애굽 당시의 상황"을 언급하면서 "하나님께서 이집트 땅에서부터 '이스라엘의 주 하나님'이라는 사실"을 상기시키고 있다. 그러면서 이스라엘 백성을 "엄숙한 명절의 날들"과 같이 성막에 거하게 하시겠다고 말씀한다. 이것은 "재림 때 있을 이스라엘의 회복"에 관한 예언이다. 특히 "재림"과 연관된 "엄숙한 명절의 날들"은 "일곱째 달에 있는 '장막절' 기간의 날들"을 가리킨다. 한편 "재림"과 관련하여 『**이집트**』(9절, "출애굽 사건")와 『**선지자**』(10절)와 『**비유**』(10절)가 서로 연결되고 있다는 점을 주목해야 하는데, 이와 관련하여 시편 78편에서는 "선견자"(대하 29:30, "선지자") "아삽"이 "출애굽 당시의 역사적 사건"(이집트)을 "비유"로 사용하여 "재림"에 관해 예언하고 있다. 『**오 내 백성들아, 내 법을 경청하고 내 입의 말에 너희 귀를 기울일지어다. 내가 입을 열어**

한 비유로 난해한 옛 말들[재림 때 있을 일들]**을 말하리니 그것은 우리가 들었고 알았으며 우리 조상들이 우리에게 말하였던 것이라**[12-53절, 출애굽 당시의 사건들]』(시 78:1-3). 이처럼 "선지자들"은 종종 "비유"를 사용하여 "재림"에 관해 예언하는데, 특히 "출애굽 당시의 상황"을 "비유"로 활용하는 것이다.

『길르앗에 죄악이 있느냐? 그들은 실로 헛되도다. 그들은 길갈에서 수송아지로 희생제를 드리며, 정녕 그들의 제단은 밭고랑에 있는 돌무더기 같도다』(11절).

다시 한번 "배교한 이스라엘의 영적 상태," 특히 "우상 숭배"를 책망하고 있는데, "길르앗"은 "죄악의 성읍"(6:8)이었고, "길갈"은 금송아지 숭배의 진원지인 "벧엘"과 더불어 이스라엘을 배교하게 만든 "우상 숭배의 중심지"였기 때문에, 이런 "우상 숭배의 장소에서 드리는 희생제사들은 모두 헛될 뿐"이라고 경고하는 것이다. 또한 이스라엘 백성들의 "밭고랑"에는 "우상을 위한 제단"이 "돌무더기"처럼 세워져 있어서(11절), 그들을 향한 "심판"이 "독초"처럼 솟아나게 된다(10:4).

『야곱은 시리아 지방으로 도망하였고 이스라엘은 아내를 위하여 섬겼으니, 그가 아내를 위하여 양을 쳤도다. **주**께서는 한 선지자를 시켜서 이스라엘을 이집트에서 데리고 나오셨으니, 한 선지자로 인하여 그가 보존되었도다. 에프라임이 지독하게 주를 분노케 하였으므로 주께서 그의 피를 그에게 남겨 놓으실 것이요, 그의 주께서는 그의 책망을 그에게로 돌리시리라』(12-14절).

위 본문에서는 "야곱에 관한 역사적인 사건"을 "비유"로 삼아 "현재 이스라엘의 영적 상태"와 "장차 그들에게 닥쳐올 일들"에 대해 말씀하고 있다. 말하자면 당시에 형 "에서"와 아버지 "이삭"을 속이고 "장자권"과 "축복"을 빼앗은 야곱이 에서의 분노를 피해 "시리아 지방"으로 도망했듯이, 배교하고 타락한 이스라엘 역시 "앗시리아"로 사로잡혀 갈 것이다. 그리고 그곳 "시리아 지방"에서 "야곱이 아내를 위해 섬기고 아내를 위해 양을 쳤듯이," 이스라엘 백성이 사로잡혀 간 그곳 "앗시리아"에서, 오늘날 "교회 시대"로 보면 이스라엘 백성이 약속의 땅에서 쫓겨나 "전 세계로 흩어진 그곳"에서, "모세와 같은 한 선지자"(신 18:15)이자 "목자"이신 예수 그리스도께서는 "아버지 하나님의 아내"인 양 무리, 곧 흩어져 있는 "이스라엘"을 돌보시며 섬기시는 동안 "자신의 아내인 교회"를 얻게 된다(12절).

또한 출애굽 당시 주님께서 "한 선지자, 곧 모세를 시켜서 이집트에서 백성들을 데리고 나오셔서 보존하셨듯이," 미래의 대환란 기간에도 두 증인, 곧 "선지자 모세와 엘리야를 보내셔서(계 11,12장) '모세와 같은 선지자'이신 예수 그리스도께로 백성들의 마음을 되돌릴 사역"을 하실 것이다(13절). 물론 이것은 "미래의 재림 때 있을 이스라엘의 회복"에 관한 예언이다. 이에 반해 "현재 이스라엘의 영적 상태"는 그렇게 회복될 만한 상황이 아니다. 그래서 마지막 14절에서는 『**에프라임이 지독하게 주를 분노케 하였으므로 주께서 그의 피를 그에게 남겨 놓으실 것이요, 그의 주께서는 그의 책망을 그에게로 돌리시리라.**』라고 경고한다. 다시 말해 하나님께서는 "이스라엘이 흘렸던 무죄한 피," 특히 초림 당시 그들의 "메시아"요, "왕"이신 예수 그리스도를 『**무법자들의 손을 통해**』(행 2:23) 십자가에 못 박아 죽임으로써 흘렸던 그 "무죄한 피"에 대해 반드시 책망하실 것이다. 『**그러나 만일 너희가 그렇게 하지 아니하면, 보라, 너희는 주를 거역하여 죄를 지은 것이니, 반드시 너희의 죄가 너희를 찾아낼 것임을 알라.**』(민 32:23)라는 말씀과 『**그의 피를 우리와 우리 자손에게 돌리라.**』(마 27:25)라는 말씀대로 심판하시는 것이다.

NOTES

제6과
나 외에는 구원자가 없음이니라(13장)

『그러나 나는 이집트 땅에서부터 **주** 너의 하나님이라. 너는 나 외에 어떤 신도 알지 말지니라. 이는 나 외에는 구원자가 없음이니라』(호 13:4).

겸손했던 에프라임의 타락

『에프라임이 떨며 말할 때 그가 이스라엘 가운데서 자신을 높였으나, 그가 바알로 범죄할 때 그는 죽었느니라. 이제 그들이 더욱더 죄를 짓고 자기들을 위하여 그들의 은으로 형상들을 부어 만들고 자기들의 고안대로 우상들을 만들었으니, 그 모두가 장인들이 만든 것이라. 그들이 그것들에 대해 말하기를 "희생제를 드리는 자들은 송아지들에게 입맞출지니라." 하는도다』(1,2절).

『사람의 마음은 멸망에 앞서 교만해지고, 존귀에 앞서 겸손이 있느니라』(잠 18:12). 에프라임이 겸손하여서 "떨며 말할 때"는 이스라엘 가운데서 자신을 높일 수 있었지만, 교만해져서 하나님을 버리고 바알을 숭배했을 때는 죽게 되었다. 이후 에프라임의 타락에는 가속력이 붙었고, 장인들이 고안해서 만든 온갖 형상들로 우상 숭배를 했다.

이런 예는 솔로몬과 여로보암의 경우에서 볼 수 있다. 솔로몬이 떨면서 말했을 때는(왕상 3:7) 자신을 올바른 방법으로 높였지만, 그가 바알로 범죄했을 때는(왕상 11:4,5,6,7) 죽게 되었다. 여로보암 또한 신하였을 때는(왕상 11:28) 주의하여 말함으로써 올바른 방법으로 자신을 높일 수 있었지만(왕상 11:31), 바알로 범죄했을 때는(왕상 12:28-32) 죽게 되었다. 솔로몬과 여로보암은 겸손하게 시작했으나 우상 숭배자로서 끝난 것이다.

하나님께서는 그분의 말씀에 떠는 자를 사랑하신다(사 66:2). 그리스도인에게는 말씀에 떠는 겸손이 있어야 한다. 그 겸손에는 지속성이 있어야 하는데, 겸손으로 시작했다가 교만으로 종지부를 찍어서는 안 된다. 섬김의 초기에는 겸손했으나 사역에 열매가 있고 자기 입지가 높아지면 교만해져서 하나님께

버림받는 사람들이 있다.

그러나 겸손했던 사도 바울에게는 사역과 관련해서 "심한 떨림"이 있었다. **『형제들아, 내가 너희에게 와서 하나님의 증거를 전할 때에 말과 지혜의 탁월함으로 하지 아니하였노라. 이는 내가 예수 그리스도와 그의 십자가에 못박히심 외에는 너희 가운데서 아무것도 알지 아니하기로 작정하였음이라. 내가 너희와 함께 있을 때에 연약함과 두려움과 심한 떨림 가운데 있었노라. 또 내 말과 내 설교를 설득력 있는 인간의 지혜의 말로 하지 않고 성령과 능력을 나타냄으로 하였으니 이는 너희의 믿음이 인간의 지혜에 있게 하지 아니하고 하나님의 능력에 있게 하려 함이라』**(고전 2:1-5). 사도 바울은 예수 그리스도에 관한 진리와 그분의 십자가를 증거할 때 인간의 설득력 있는 말과 지혜로 하여 사역에 성과를 거두지 못할까 봐 두려워했고, 그래서 하나님께 버림받을까 봐 심한 떨림 가운데 있었다. 십자가를 증거하는 데는 고등 교육을 받은 자들의 학자적인 말이 필요가 없다. 사도 바울의 자랑은 오직 "십자가"에만 있었고(갈 6:14), 십자가를 단순하게 전파했다(고전 15:3,4). 이것이 바울의 겸손이었다. 겸손한 그가 목표로 했던 것은, 자신의 직분을 주의해서 수행하는 것이었고, 자기의 말과 설교가 성령의 기름부으심을 통해 성령의 능력으로 전파되는 것이었다. 자신이 사도로서 부름을 받았다는(롬 1:1, 고전 1:1, 딤전 2:7) 사실에 결코 자만하지 않았고, 복음의 경륜이 자기에게 맡겨졌다는(고전 9:17) 사실에 절대 우쭐해하지 않았다.

사도 바울이 부름받은 종으로서 성공할 수 있었던 것은 그의 "떨리는 겸손"에 있었다. 그가 신약교회사에서 가장 신실한 종으로 높임 받고 있는 것은 자아를 철저히 죽였던(고전 15:31, 골 3:5) 그의 겸손에 있었다. 존귀에 앞서 겸손이 있다(잠 15:33). **『그러므로 하나님의 능하신 손 아래서 겸손하라. 때가 되면 그분께서 너희를 높이시리라』**(벧전 5:6). **『주의 목전에서 겸손하라. 그리하면 주께서 너희를 높이실 것이라』**(약 4:10).

『그러므로 그들은 아침 구름과 같고 사라지는 이른 이슬 같으며, 타작마당에서 회오리바람에 날리는 쭉정이 같고 굴뚝에서 나는 연기 같으리라. 그러나 나는 이집트 땅에서부터 **주** 너의 하나님이라. 너는 나 외에 어떤 신도 알지 말지니라. 이는 나 외에는 구원자가 없음이니라』(3,4절).

하나님께서는 하나님이 아닌 우상을 섬기는 자들을 가리켜서 "아침 구름," "이른 이슬," "쭉정이," "연기"라고 말씀하신다. 이 네 가지의 공통점은 바람이 불면 움직여서 사라지거나 증발해 버리는 "불안정함"에 있다. 말하자면 우상 숭배자들은 누가 보기도 전에 흘러가 버리는 아침 구름과 같고, 어느새 증발해 버려서 존재했는지조차 알 수 없는 이른 이슬과 같다. 그들은 타작이 끝난 후 쓸모없이 뒹굴다가 갑자기 부는 회오리바람에 날아가 버리는 쭉정이와 같고, 소리 없이 피어오르다가 바람이 훅 불면 어지러이 흩어져 버리는 굴뚝 연기와 같다.

내일 일어날 일을 알지 못하는 인생에 대한 성경의 묘사는 "잠깐 보이다가 사라지는 안개"이다(약 4:14). 천 년이 하루 같은(벧후 3:8) 하나님께 인생은 손바닥을 세로도 아닌 가로로 잰 "손 너비"(handbreath)에 불과하다(시 39:5). "연기같이 소멸되는"(시 102:3) 것이 인생인 것인데, 욥은 이러한 인생을 가리켜서 『**땅 위에서 우리의 날들이 그림자**』(욥 8:9)라고 말했다. 욥은 『**나의 날들이 베틀의 북보다도 빠르**』며(욥 7:6), 『**내 생명이 바람 같**』고(욥 7:7), 『**전령보다도 더 빨리 달아나 버**』린다고(욥 9:25) 했다. 욥에게 인생은 『**빠른 배들처럼 지나가 버리고 먹이를 향해 달려드는 독수리**』 같았으며(욥 9:26), 하나님께서 일어서시면 『**아무도 생명의 보장이 없**』다고 했다(욥 24:22). 욥처럼 모든 것을 잃어버렸을 때 그와 같은 깨달음이 강하게 인다.

모든 것이 순식간에 왔다가 순식간에 사라지고 마는 인생에서 우리의 『**생명**

이 그리스도와 함께 하나님 안에 감추어』져 있다는 사실은 가장 큰 복이 된다. 왜냐하면 『**우리의 생명이신 그리스도께서 나타나실 때 그때**』 우리도 『**그와 함께 영광 가운데 나타날 것**』이기 때문이다(골 3:3,4). 따라서 굴뚝에서 피어오르는 연기 같은 존재였다가 그리스도인이 된 사람은, 이후 반드시 "교리"에 주의해야만 또다시 연기와 같은 존재가 되지 않을 수 있다. 『**그리하여 우리가 이제부터는 더 이상 어린아이가 아니요, 사람들의 속임수와 교활한 술책으로 그들이 속이려고 숨어서 기다리는 온갖 교리의 풍조에 밀려 이리저리 다니지 아니하고**』(엡 4:14). 그리스도인이 되면 하나님의 말씀인 성경에 관심을 갖게 되는데 거기서 가르쳐지는 각양각색의 교리들에 혼란스럽게 된다. 이때 자신에게 불어오는 온갖 교리의 풍조(wind)에 흔들리지 않으려면 성경을 올바로 나누어서 해석하는(딤후 2:15) "세대주의"를 단단히 붙들어야 한다. 온갖 교리의 풍조에 이리저리 밀려 다니지 않고 오직 사랑 안에서 "세대적 진리"를 말하며 모든 일에 성장하여 교회의 머리이신 그리스도께 이르는(15절) 것은 거듭난 성도의 의무이다. 반면 거짓 교리들의 바람에 날아가는 자들은 쭉정이로 취급되며 성경대로 믿는 그리스도인들의 회중에 결코 들지 못한다(시 1:4-6).

본문에서 주님께서는 아침 구름, 이른 이슬, 쭉정이, 연기와 같은 에프라임을 향해 『**그러나 나는 이집트 땅에서부터 주 너의 하나님이라. 너는 나 외에 어떤 신도 알지 말지니라. 이는 나 외에는 구원자가 없음이니라.**』(4절)라고 말씀하신다. 주님께서는 주님 자신을 "이집트 땅에서 이스라엘을 데리고 나와 카나안 땅으로 들여보내 주신 분"으로 제시하신다. 주님께서는 이집트에서 노예 생활을 하던 이스라엘 민족의 구원자셨다. 당시에 그들은 이집트의 우상 숭배를 받아들인 우상 숭배자들이었는데, 그때에도 주님께서는 그들의 구원자가 되셨다. 이 점은 본문의 이스라엘에 대해서도 마찬가지이다. 멸망 전의 이스라엘은 율법을 버리고 우상 숭배자들이 되어 있었다. 바로 이때에도 주님께서는 그들의 구원자가 되실 수 있다는 것이다! 하지만 한 가지 조건이 있다. 즉 하나님

외에는 어떤 신도 인정하지 않는 것이다. 이는 십계명의 첫 번째 계명과 관련된 조건이다. 『**나는 이집트 땅, 종의 집에서 너를 데리고 나온 주 너의 하나님이라. 너는 내 앞에 다른 어떤 신들도 있게 하지 말지니라**』(출 20:2,3). 『**나는 이집트 땅에서부터 주 너의 하나님이라. 너는 나 외에 어떤 신도 알지 말지니라**』(호 13:4). 이스라엘을 "이집트에서 구해 주신 분"은 이집트에서 섬기던 우상들이 아니었다. 그들을 "이집트에서 구원해 주신 분"은 주 그들의 하나님이셨다. 지금 또다시 이집트에서처럼 우상 숭배자들이 되어 멸망을 앞두고 있지만, 만일 그들이 하나님 외에 다른 신을 알지 않는다면 주님께서는 옛날의 이집트에서처럼 그들을 구원해 주실 수 있다는 것이다. 왜냐하면 주님 외에는 구원자가 없기 때문이다(4절, cf. 행 4:12, 딤전 2:4,5). **우상을 버리고 주님께로 돌이킨 성도를 주님께서는 그가 처한 악한 상황에서 구원해 주신다**. [참고로, 호세아서의 마지막 두 장은 이스라엘이 다른 신들을 버리고 그들의 하나님께로 돌아오는 것을 강조하고 있다(13:4; 14:3,8).]

교만한 에프라임에게 심판을 경고하심

『나는 광야의 지극히 메마른 땅에서 너를 알았노라. 그들의 초장에 따라 그들이 배불렀으니, 그들이 배불렀으므로 마음이 교만해져 나를 잊었느니라』(5,6절).

이스라엘은 마실 물이 없고(출 15:24) 먹을 빵이 없는(출 16:8) 광야의 지극히 메마른 땅에서 "물을 마시고 빵을 먹을 수 있었을 때 하나님을 알았어야" 했다. 하나님께서는 그들을 아셨지만 그들은 하나님을 알지 못했다. 그들은 하나님을 알지 못한 상태로 "젖과 꿀이 흐르는 땅"(신 31:20)에 들어갔는데, 그곳에서 배가 부르자 "교만해져서" 하나님을 잊고 말았다. 하나님께서 하지 말라고 누차 경고하셨던 것을 그들은 정확히 행했던 것이다(신 6:11-15; 8:10-20). **『내가 그들의 조상들에게 맹세한 젖과 꿀이 흐르는 그 땅으로 그들을 인도하여 들이고 나서 그들이 먹고 배부르고 살찌면 그때는 그들이 다른 신들에게로 돌이켜 그들을 섬기고 나를 멸시하여 내 언약을 어기리라』**(신 31:20).

인간의 "배부름"은 교만을 낳기 쉽다. 그렇기에 가난할 때 겸손한 것보다는 부자일 때 겸손한 것이 더 훌륭한 믿음이 될 수 있다. **『이 세상에 있는 부유한 자들에게 명하여 마음이 교만해지지 말고 불확실한 재물을 신뢰하지 말며, 오직 우리에게 모든 것을 풍요하게 주셔서 향유케 하시는 살아 계신 하나님을 신뢰하라고 하라』**(딤전 6:17). 그리스도인이 불확실한 재물을(잠 23:5) 신뢰하지 않고 하나님만을 신뢰하며, 자기가 가진 재물로 선을 행하고, 선한 일에 부요하며, 기꺼이 나누어 주고, 아낌없이 베풂으로써, 자신을 위하여 오는 때를 대비한 좋은 기초를 쌓는 것은 매우 현명한 일이다. 그러할 때 영원한 생명을 붙드는 것이기 때문이다(딤전 6:18,19). 그러한 그리스도인은 장차 누릴 영원한 생명의 기반을 지금 이 지상에서 풍성히 다지고 있는 것이다(딤후 1:16-18).

『그러므로 나는 그들에게 사자같이 될 것이요, 길가의 표범같이 나는 그들을 주시하리라. 나는 새끼들을 잃은 암곰처럼 그들을 만날 것이요, 그들의 심장의 꺼풀을 찢고 거기에서 내가 그들을 사자처럼 먹어 치울 것이니, 들짐승이 그들을 찢으리라』(7,8절).

주님께서는 그분을 잊어버린 에프라임에게 사자같이 되고 길가의 표범같이 되어 그들을 주시하실 것이다. 새끼들을 잃은 암곰처럼, 사자처럼 그들을 잔인하게 다룰 것이다. 그런데 위의 본문은 자신들의 하나님을 잊어버린 이스라엘이 "대환란" 때 겪을 고난을 예언하는 것이기도 하다. 왜냐하면 **『야곱의 고난**

의 때』(렘 30:7)라고 불리는 대환란이 되면 다니엘 7:4-6의 "사자," "곰," "표범"을 합친 것과 같은 매우 강력하고 파괴적인 짐승(단 7:7)이 나타나서 이스라엘을 박해할 것이기 때문이다. 『**또 내가 본 그 짐승은 표범과 같고, 발은 곰의 발 같고, 입은 사자의 입 같은데, 용이 자기의 능력과 자리와 큰 권세를 그 짐승에게 주더라**』(계 13:2).

사자, 곰, 표범을 합친 것과 같은 이 "복합 짐승"은 적그리스도를 가리킨다. 적그리스도는 사탄이 육화된 아들 사탄으로서, 욥기 40장에서 "비히못"이라고 불린다. "비히못"은 히브리어로 "짐승들"이란 뜻인데, 욥기 40장에서는 이 "짐승들"(비히못)을 "단수"(그)로 제시한다. 『**이제 내가 너와 함께 만든 비히못을 보라. 그가 소처럼 풀을 먹는도다**』(욥 40:15). 적그리스도는 한 사람이면서 동시에 복합 짐승처럼 파괴적인 통치자로 등장할 것이다. 하나님을 잊어버린 이스라엘이 만나게 될 자가 바로 이자이다. 자신을 구원하고 보살펴 주신 하나님을 잊어버리는 자는 매우 어리석다. 하나님께서는 그분을 잊어버린 이스라엘을 대환란 때 매우 잔인하게 다루실 것인데, 가공할 짐승인 적그리스도에게 박해를 당하게 하여 징계하심으로써 그 교만한 이스라엘을 바로잡아 회복시키실 것이다.

멸망한 이스라엘을 도와주시는 하나님

『오 이스라엘아, 네가 네 자신을 멸망시켰도다. 그러나 너의 도움은 내게 있느니라. 내가 네 왕이 되리니, 네 모든 성읍들에서 너를 구원해 줄 다른 이가 어디 있으며, 네가 말하기를 "왕과 고관들을 내게 주소서."라고 했던 네 재판관들이 어디 있느냐? 내가 나의 분노로 네게 왕을 주었고 나의 진노로 그를 폐하였도다』(9-11절).

이스라엘이 멸망한 것은 이스라엘 자신 때문이었다. 이스라엘 자신이 하나님을 잊어버리고 인간 왕과 우상을 택했기 때문에 일어난 일이었다. 이스라엘은 재판관들에게 왕을 보내줄 것을 요구했고, 하나님께서는 분노하시면서 한 왕 사울을 주셨는데 그 왕은 결국 주님의 진노로 폐해졌다.

이스라엘이 스스로를 멸망시켰음에도 하나님께서는 기꺼이 그들을 돕고자 하신다(9절). 여기에 하나님의 선하심이 있다. 이 점은 다른 인생들에 있어서도 마찬가지이다. 즉 인간은 스스로를 멸망시켜 왔다. 그의 내부의 적, 곧 만물보다 거짓되고 심히 악한(렘 17:9) "그의 마음" 때문에 멸망했다. 『**사람에게서 나오는 것이 그 사람을 더럽히느니라. 이는 속에서, 즉 사람들의 마음에서 나오는 것은 악한 생각과 간음과 음행과 살인과 도둑질과 탐욕과 악의와 사기와 방탕과 악한 눈과 하나님을 모독함과 교만과 어리석음이기 때문이니, 이런 모든 악한 것은 속에서 나와, 그 사람을 더럽히느니라**』(막 7:20-23). 마귀에게 마음을 빼앗겨 멸망해 가는 인류에게 하나님께서는 여전히 도움의 손길을 뻗치신다. 마음을 돌이켜서 주님을 쳐다보기만 하면 살게 될 것이라고 말씀하신다. 『**땅 끝들에 있는 모든 자들아, 나를 쳐다보고 구원을 받으라. 이는 내가 하나님이요, 다른 이가 없음이니라**』(사 45:22). 『**주 하나님이 말하노라. 내가 죽는 자의 죽음을 기뻐하지 아니하노니 그러므로 너희 자신은 돌이켜서 살라**』(겔 18:32). 인간은 실패하지만 하나님은 구원하신다! 이미 엎질러진 물을 자책하지 않고 마음을 단단히 지킴으로써 구원자이신 하나님께 머리를 들면 살 수가 있다! 『**열심을 다하여 네 마음을 지키라. 이는 삶의 문제들이 거기서 나옴이라**』(잠 4:23). 『**오 이스라엘아, 네가 네 자신을 멸망시켰도다. 그러나 너의 도움은 내게 있느니라**』(9절).

『에프라임의 죄악이 묶여 있고 그의 죄는 감추어져 있도다. 진통하는 여인의 슬픔이 그에게 임하리라. 그는 현명하

지 못한 아들이니, 이는 그가 아이들을 낳는 자리에 오래 머물러서는 안 되기 때문이라. 내가 그들을 음부의 권세로부터 속량하며 내가 그들을 사망으로부터 구속하리니, 오 사망아, 내가 네 재앙이 될 것이요, 오 음부야, 내가 네 멸망이 되리라. 돌이키는 것이 내 목전에서 숨겨지리라』(12-14절).

죄악에 묶여 있는 에프라임은 "**진통하는 여인의 슬픔**"(**대환란, 렘 30:6,7**)을 겪게 될 것이다. 그가 죄에서 돌이키지 않고 "**아이들을 낳는 자리**"에 오래 머문다면 그는 현명하지 못한 아들이 될 것이다. 다니엘의 칠십째 주 중간 후에(단 11:33) 소돔과 이집트라(계 11:8) 불리는 "**예루살렘**"에 머무르는 이스라엘인들은 현명하지 못한 아들이다. 왜냐하면 그때에는 뒤도 돌아보지 말고 산들로 가라고(마 24:16-18) 하셨기 때문이다.

주님께서는 14절에서도 주님 자신을 "구원자"로서 제시하신다(cf. 4,9절). 사도 바울은 14절을 그리스도의 몸의 부활과 휴거에 적용했다. 『**오 사망아, 너의 쏘는 것이 어디 있느냐? 오 음부야, 너의 승리가 어디 있느냐?**』(고전 15:55) 그러나 그 구절은 교리적으로 대환란 끝에 있을 환란 성도들의 부활과 휴거에 적용된다.

『**돌이키는 것이 내 목전에서 숨겨지리라**』(14절). 이 말씀은 하나님께서 앞서 사망과 음부에게 예언적으로 내리신 심판에서 돌이키시지 않으심을 보여준다. 『**내가 그들을 음부의 권세로부터 속량하며 내가 그들을 사망으로부터 구속하리니**』(14절) 사망과 지옥은 그들 안에 있던 죽은 자들을 넘겨주어야만 한다(계 20:12,13).

『그가 비록 그의 형제들 가운데서 열매를 많이 맺는다 할지라도 동풍이 올 것이요 **주**의 바람이 광야로부터 오리라.

그러면 그의 물 근원은 마를 것이요 그의 샘은 말라 버리리니, 그가 모든 아름다운 기명들이 있는 보물창고를 약탈해 가리라. 사마리아는 황폐하게 되리라. 이는 그녀가 그녀의 하나님을 대적하여 반역하였음이니, 그들은 칼에 쓰러질 것이며 그들의 아기들은 내던져져 산산조각날 것이요 그들의 아이를 밴 여자들은 찢겨지리라』(15,16절).

그 이름이 "열매를 맺는, 다산하는"을 뜻하는 에프라임은 그 이름과 달리 곡식들이 시들고 황폐하게 되고 물이 말라 버릴 것이다. 광야로부터 와서 보물창고를 약탈해 가는 "동풍"은 앗시리아 왕을 가리킨다(합 1:9). 자신의 하나님을 대적하는 자들은 사마리아처럼 황폐하게 될 것이다(16절). 『**자기를 지으신 분과 싸우는 자에게 화 있으리라!**』(사 45:9) 이유 없는 고난은 없다. 하나님을 대적하여 죄를 지을 때 고난이 닥치는 것은 정해진 수순이다.

■ 새롭게 깨달았거나 적용할 내용이 있다면 적어 보세요. ■

NOTES

제7과

이스라엘의 완전한 회복(14장)

『내가 그들의 타락을 치유할 것이요 내가 그들을 마음껏 사랑하리니, 이는 내 분노가 그로부터 돌이켜졌음이니라』(호 14:4).

주 너의 하나님께로 돌아오라

『오 이스라엘아, **주** 너의 하나님께로 돌아오라. 이는 네가 네 죄악으로 인하여 쓰러졌음이라』(1절).

하나님께서 "자기 죄악으로 인해 쓰러진" 이스라엘에게 주시는 명령은 단순하다. 즉 "돌아오라"는 것이다. 『**악인은 자기의 길을, 불의한 사람은 자기 생각들을 버리고 주께로 돌아오라. 그리하면 주께서 그에게 자비를 베푸시리라. 우리 하나님께로 돌아오라. 그가 넘치게 용서하실 것임이라**』(사 55:7). 장차 대환란을 통과한 이스라엘은 "돌아오라"는 하나님의 명령에 다음과 같이 반응할 것이다. 『**너희 타락한 자식들아, 돌아오라. 그리하면 내가 너희의 타락을 치유시켜 주리라. 보소서, 우리가 주께로 오나니 이는 주가 주 우리 하나님이심이니이다**』(렘 3:22).

이스라엘이 주님께 돌아오는 방법은 "그들 안의 가증한 우상들을 버리고 하나님께로 완전히 돌이키는 것"이다. 『**주가 말하노라. 오 이스라엘아, 네가 돌아오려거든 내게로 돌아오라. 네가 내 목전에서 너의 가증한 것들을 버리면 네가 흔들리지 아니하리라**』(렘 4:1). 이 일은 주 예수 그리스도의 재림 때 있을 것인데, 그때 있을 이스라엘의 돌아옴에 관하여 호세아 6:1-3은 이스라엘이 "교회 시대 뒤에" 돌아올 것이라고 예언한다. 『**오라, 우리가 주께로 돌아가자. 이는 그가 찢으셨으나 우리를 낫게 하실 것이요, 그가 치셨으나 우리를 싸매어 주실 것임이라. 이틀**[2천 년간의 교회 시대] **후에 그가 우리를 살리시며, 셋째 날**[천년왕국]**에 그가 우리를 일으키시리니, 우리가 그의 목전에서 살리라. 만일 우리가 계속 주를 알고자 하면 그때 우리가 알게 되리라. 그의 나오심은 아침처럼 마련되어 있으며**[재림의 아침] **그는 우리에게 비처럼 오시리니, 땅에 내리는 늦**

은 비와 이른 비처럼 오시리라.』

죄인들이 하나님께로 돌아와야 한다는 명령은 이스라엘에게 국한되지 않는다. 이 명령은 유대인이 아닌 이방인들에게도 동일하게 주어져 있다. 『여러분, 어찌하여 이 같은 일을 하느뇨? 우리도 여러분과 같은 성정을 지닌 사람으로 여러분에게 전하는 것은 이러한 어리석음을 버리고 하늘과 땅과 바다와 그 안에 있는 만물을 지으신 살아 계신 하나님께로 돌아오라는 것이라』(행 14:15, 루스트라의 우상 숭배자들에게). 『주의 약속은 어떤 사람들이 더디다고 생각하는 것같이 더딘 것이 아니라 오직 우리에 대하여 오래 참으시어 아무도 멸망하지 않고 다 회개에 이르게 하려 하심이라』(벧후 3:9). 회개는 죄에서 돌이켜 하나님께로 향하는 것, 즉 하나님께 돌아오는 것을 뜻한다. 재림 때에는 이스라엘뿐만 아니라 이방인들까지도 거짓 신들에서 돌이켜 하나님을 찾을 것이다. 『나의 힘이시며 나의 요새시며 고난의 날에 나의 피난처이신 오 **주**여, 이방인들이 땅 끝에서부터 주께 와서 말하기를 "우리 조상들은 참으로 거짓말들과 허망함과 무익한 것들을 상속받았나이다. 사람이 신이 아닌 것들을 자신에게 신으로 삼겠나이까?" 하리이다. 그러므로 보라, 내가 이번에 그들로 알게 하리니 내가 그들로 내 손과 내 능력을 알게 하리라. 그러면 그들이 내 이름이 **주**임을 알리라』(렘 16:19-21). 이처럼 재림 때는 온 땅을 치리할 왕이신 『**주**』의 이름만이 높임을 받으시게 될 것이다!(슥 14:9)

『너희는 말씀을 가지고 **주**께로 돌아가서 그에게 말씀드리기를 "모든 불의를 제거하시고 우리를 너그러이 받아 주소서. 우리가 우리의 입술로 송아지들의 제사를 드리리이다. 앗수르는 우리를 구원하지 아니하며, 우리는 말들을 타지도 아니하고 우리 손으로 만든 것에게 더 이상 '너희는 우리의 신들이라.'고 말하지 아니하리니, 이는 아비 없는 자가 주 안에서 자비를 얻기 때문이니이다." 하라』(2,3절).

주님께 돌아오는 이스라엘은 『**모든 불의를 제거하시고 우리를 너그러이 받아 주소서.**』(2절)라고 간구한다. 그러면 주님께서 그들의 불의를 제거하실 것이다. 『**주가 말하노라. 그 날들과 그 때에 이스라엘의 죄악을 찾아도 아무것도 없을 것이며 유다의 죄들을 찾아도 발견되지 않으리니 이는 내가 남겨 놓은 그들을 내가 용서할 것임이니라**』(렘 50:20). 주님께서 이스라엘의 죄를 제거해 주실 것이라는 예언은 구약뿐만 아니라 신약에서 동일하게 발견된다. 『**그리하여 온 이스라엘이 구원을 받으리라. 기록된 바 "구원자가 시온에서 와서 야곱에게서 경건치 아니한 것을 제거하리라. 이는 내가 그들의 죄들을 없앨 때 그들에 대한 나의 언약이 이것임이니라." 함과 같으니라**』(롬 11:26,27). 이것은 교회 시대에 어떤 유대인이 구원받는 것을 언급한 것이 아니다. 성경에서 이스라엘의 죄가 제거되는 문맥은 "재림" 때에 그 초점이 맞춰져 있다. 『**주가 말하노라. 보라 그 날들이 오면 내가 이스라엘 집과 유다 집과 더불어 새 언약을 맺으리니 주가 말하노라. 내가 이집트 땅에서 손으로 그들을 인도하였던 날에 그들의 조상들과 맺은 언약에 따른 것이 아니니, 비록 내가 그들에게 남편이었지만 그들이 나의 언약을 파기하였도다. 주가 말하노라. 그러나 이것이 내가 이스라엘 집과 더불어 맺을 언약이 되리니 그 날들 이후로 나는 내 법을 그들 속에 두며 그들의 마음속에 기록하여 나는 그들의 하나님이 되고 그들은 나의 백성이 되리라. 그러면 그들은 각기 자기 이웃과 각기 자기 형제에게 말하기를 "주를 알라."고 더 이상 가르치지 아니하리니 이는 그들 모두가, 즉 그들 가운데 작은 자로부터 큰 자에 이르기까지 나를 알게 될 것이기 때문이요, 내가 그들의 죄악을 용서할 것이며 그들의 죄를 더 이상 기억하지 아니할 것임이라. 주가 말하노라**』(렘 31:31-34). 선지자 다니엘은 바로 이때를 가리켜서 "하나님의 백성 이스라엘의 죄들을 종결시키고 영원한 의를 가져오는 때"라고 예언했다(단 9:24). 이 일은 다니엘의 칠십째 주 끝에 있을 주 예수 그리스도의 재림 때 있게 될 것이다.

재림 때 우상을 버리고 하나님께로 돌아온 이스라엘은 과거처럼 금송아지에게 입을 맞추거나(호 13:2) 송아지에게 제사하지 않고 그들의 입술로 주님을 찬양하며 감사를 드릴 것이다. 『**우리가 우리의 입술로 송아지들의 제사를 드리리이다**』(2절). 이에 관한 참조 구절은 "히브리서 13:15"로서, 『**그러므로 우리가 그분을 통해서 찬양의 제물을 하나님께 계속해서 드리자. 이것이 그의 이름에 감사하는 우리 입술의 열매니라.**』라고 말씀한다. **찬양과 감사는 입술로 드리는 제사이다.**

회복된 이스라엘은 더 이상 앗수르의 도움을 구하지도 않을 것이고 말들을 의지하지도 않을 것이며, 그들의 손으로 만든 형상을 자신들의 신들로서 여기지도 않을 것이다(3절). 『**이는 아비 없는 자가 주 안에서 자비를 얻기 때문이니이다.**』(3절)라는 고백처럼, 그들은 "모든 것을 다 버리고 아무것도 없는" 고아처럼 될 것이고, 구약의 율법에 아비 없는 자가 주 안에서 자비를 얻는 것처럼 그들 역시나 주님께 자비를 얻게 될 것이다.

죄인이 과거의 죄들로부터 돌이켜서 주님께 돌아왔다면 그가 보내왔던 지난날의 생활은 더 이상 언급할 가치도 없는 수치스러운 일이 되어야 한다. 자기가 과거에 저질렀던 죄들을 무슨 자랑이라도 되는 양 떠벌릴 필요가 없다.

그 모든 음란과 정욕과 술 취함과 방탕과 연락과 혐오스런 우상 숭배를 행하여 이방인들의 뜻을 행한 것을 부끄럽게 여기고 그러한 죄들에서 완전히 돌이켜야 한다. 이후로는 자기의 죄들을 제거해 주신 하나님께 감사와 찬양의 제사를 드리며 육체 안에서 남은 때를 더 이상 사람의 정욕을 따라 살지 않고 하나님의 뜻을 따라 살아야 한다. 성도가 그렇게 살지 않을 때 하나님께서는 그에게 고난을 보내신다(벧전 4:1-3).

하나님께서 주시는 풍성한 삶

1. 회복된 이스라엘에게 주어지는 풍성한 삶

『내가 그들의 타락을 치유할 것이요 내가 그들을 마음껏 사랑하리니, 이는 내 분노가 그로부터 돌이켜졌음이니라. 내가 이스라엘에게 이슬과 같이 되리니, 그는 백합같이 자라겠고 그의 뿌리들은 레바논같이 박힐 것이니라. 그의 가지들은 퍼질 것이요 그의 아름다움은 올리브 나무 같을 것이요 그의 냄새는 레바논같이 되리라. 그[올리브 나무]의 그늘 아래 거하는 자들은 돌아올 것이며, 그들이 곡식같이 되살아나고 포도나무같이 자라리니, 그 향기는 레바논의 포도주같이 되리라』(4-7절).

이스라엘의 타락을 치유하신 하나님께서는 그분의 분노에서 돌이켜 그 백성을 마음껏 사랑해 주실 것이다. 이스라엘은 "백합같이" 자랄 것이고, 레바논의 나무처럼 "그의 뿌리들이 박힐 것이다." 이스라엘의 냄새는 레바논 나무의 향기처럼 되어 하나님께서 흠향하실 것이다. "이방인들의 때"가 끝나고 이스라엘이 다시 접붙여질 때(롬 11:23) 이스라엘의 아름다움은 "올리브 나무"와 같을 것이다. 유대인들은 올리브 나무 그늘 아래로 돌아올 것이고, 그들은 곡식처럼 다시 살아나고 포도나무처럼 성장할 것이며, 그들의 향기는 레바논의 포도주같이 될 것이다. 대환란을 통과하며 우상들을 버리고 회복되는 이스라엘은 그야말로 "풍성한 삶"을 살게 된다. 주님께서는 그들의 풍성한 삶을 특히 "레바논"에 비유하셨다(5,6,7절).

2. "레바논"이 보여 주는 그리스도인의 풍성한 삶

레바논은 모세가 무척이나 보고 싶어 했던 땅이었다. **『내가 주께 간구하오**

니, 나로 건너가게 하소서. 요단 건너편에 있는 아름다운 땅과 아름다운 산지와 레바논을 보게 하소서." 하였으나』(신 3:25). 갈릴리 바다의 북쪽에 위치한 레바논은 "셋째 하늘"의 모형으로, "갈릴리 바다"는 셋째 하늘과 둘째 하늘의 경계인 "위 깊음"을 보여 주고, 팔레스타인 땅 남쪽에 위치한 "사해"는 창공으로 인해 나누인 물들 가운데 우주 아래쪽으로 내려간 "아래 깊음"을 보여 준다(창 1:7). "팔레스타인 땅"은 "우주의 모형"인 것인데, 이로써 그 북편에 위치한 "레바논"은 "셋째 하늘"의 모형이 된다.

"레바논"은 우리 그리스도인들에게도 특별한 영적 의미를 지닌다. 레바논의 풍성함은 그리스도인의 풍성한 삶이 셋째 하늘로부터 온다는 점을 보여 준다.

첫째, "그리스도인의 열매 맺는 삶"은 셋째 하늘로부터 오신 성령님의 능력(행 1:8)을 통해 풍성하게 된다(갈 5:22-25). **『산꼭대기의 땅에도 곡식이 풍성하며 그 열매도 레바논같이 물결칠 것이요』**(시 72:16).

둘째, "그리스도인의 영적 성장"은 셋째 하늘로부터 오신 성령님의 계시를 받아(요 14:26; 15:26; 16:13) 믿음과 지식의 하나 됨을 이룸으로써 그리스도께로 이르는 과정이다(엡 4:13,15). **『의인은 종려나무같이 번성하며 레바논의 백향목같이 자라리로다』**(시 92:12).

셋째, 신랑께서는 신부(그리스도인)의 옷 향기가 『레바논의 향기』(솔 4:11)와 같다고 노래하시는데, **『레바논의 향기』**는 다름 아닌 "백향목"의 향기이다. 「백향목의 향기는 실외에서 맡을 수 있는 종류의 향기이다. 사람들은 바로 그 때문에 "백향목 상자"에 옷들을 올려놓는데, 이는 그 향기가 그 옷들에 배기 때문이다. 여기서 말하고자 하는 것은... 레바논은 하늘(Heaven)에 대한 그림이기 때문에(솔 4:8), 거기에 그리스도인에 관한 어떤 것이 있어서 그것이 하나님과 하늘을 생각나게 해야 한다는 것이다. 그 "향기"는 사람마다 다른 의미를 지닐 것이다. 구원받은 사람들에게는 본향을 즐겁게 상기시켜 주는 것이지만, 잃어버린 자들에게는 "악취를 풍긴다"(고후 2:15,16). 말하자면 모든 사람이 백향목의 향기를 좋아하는 것은 아니라는 것이다」(피터 럭크만). 예수 그리스도의 신부인 그리스도인들에게서는 어디서든 그리스도의 향기, 곧 "셋째 하늘에 계신 분에 관한 지식의 향기"가 풍겨 나아만 한다. 그리스도인의 승리하는 삶의 비결은 바로 "지식"에 있다! **『항상 우리를 그리스도 안에서 승리하게 하시고 또 어느 곳에서나 우리로 하여금 그분에 관한 지식의 향기를 나타내게 하시는 하나님께 이제 감사하노라』**(고후 2:14).

넷째, "그 용모가 레바논 같고 백향목처럼 수려하신"(솔 5:15) 예수 그리스도께서는 곧고 강한 외모를 지니셨다. 이 "우주 최고의 신랑"께서는 셋째 하늘, 곧 『레바논으로부터』(솔 4:8) 오셔서 신부를 "휴거"시키실 것이다. 신랑을 예표하는 "솔로몬"은 레바논에 그의 "궁"이 있었다(왕상 9:19; 10:17). 즉 하늘의 "솔로몬"께서는 셋째 하늘에 그분의 보좌가 있으신 것이다.

『도둑은 오직 도둑질하고 죽이며 멸망시키려고 오지만, 내가 온 것은 양들로 생명을 얻고 더 풍성히 얻게 하려 함이라』(요 10:10). 선한 목자이신 예수 그리스도의 피로 정결케 된 그리스도인은 그 선한 목자를 통해 "셋째 하늘로부터 오는 풍성한 삶"을 누리고 있어야 한다. 이것은 물질적 풍요를 말하는 것이 아니라 위에 망라된 "영적 풍요"를 말한다. 휴거에 대한 기대 속에 풍성한 삶을 살고 있지 않다면 "지난날의 생활"(벧전 4:3)로부터 완전히 돌이키지 않은 것이다. 그러한 성도를 주님께서는 "마음껏 사랑해 주실 수"(호 14:4) 없다.

자신의 삶에서 주님께로부터 나오는 열매가 풍성히 맺히지 않는다면 그 책임은 전적으로 성도 자신에게 있다! 『에프라임은 말하기를 "내가 우상들과 더 이상 무슨 상관이 있으리요?" 하리라. 내가 그를 듣고 그를 주시하였으니, 나는 푸른 전나무 같도다. 나에게서 네 열매가 얻어지는도다. 누가 현명하여 이런 일들을 깨닫겠느냐? 누가 총명하여 그것들을 알겠느냐? **주**의 길들은 올바르니 의인이 그 안에서 행하리라. 그러나 범죄자들은 그 길에서 넘어지리로다』(호 14:8,9).

■ 새롭게 깨달았거나 적용할 내용이 있다면 적어 보세요. ■

NOTES

NOTES

< 추 천 도 서 >

소선지서

피터 S. 럭크만 지음 / 512쪽

20,000원(eBook 14,000원)

초림과 재림을 넘나드는 예언 속에서 성경의 주제인 왕국, 즉 하나님께서 통치하시는 신정 통치 왕국의 교리를 알게 된다.

죽음의 재 같은 땅 이스라엘

피터 S. 럭크만 지음 / 520쪽

25,000원(eBook 17,500원)

역사적으로 가장 수난을 많이 당한 민족임에도 불구하고 여전히 인류 역사의 중심인 이스라엘의 모든 것들을 제시한다.

이스라엘의 회복

피터 S. 럭크만 지음 / 48쪽

3,000원(eBook 2,100원)

이스라엘은 영적으로뿐만 아니라, 민족적으로도 회복될 것이다. 그들은 그들의 땅인 팔레스타인으로 돌아갈 것이다.

예수 그리스도의 재림

클라렌스 라킨 지음 / 126쪽

5,000원(eBook 3,500원)

이 책은 예수 그리스도의 재림에 관해 자세하게 보여 주며, 재림에 관한 온갖 거짓 교리들을 성경적으로 비평한다.

솔로몬 성경공부 시리즈

호 세 아

제2권 이스라엘의 배교와 회복(8-14장)

초판1쇄 2023년 11월 3일
초판2쇄 2024년 4월 23일
지 은 이 / 편 집 부
발 행 인 / 박 승 용
발 행 처 / 말씀보존학회
출판등록 / 제409-2022-000036호
주 소 / 서울 강서우체국 사서함 제90호
전 화 / (02) 2665 - 3743
팩 스 / (02) 2665 - 3302
인 터 넷 / www.biblemaster.co.kr

값 10,000 원